CHRISTEL BOSSBACH · ELISABETH RAFFAUF

LIEBE
SEX
UND NOCH
VIEL MEHR

CHRISTEL BOSSBACH • ELISABETH RAFFAUF

LIEBE
SEX
UND NOCH
VIEL MEHR

FÜR MÄDCHEN,
DIE ES WISSEN WOLLEN

PICKEL, ZOFF UND LUST • FLUGZEUGE IM BAUCH

VOM ERSTEN MAL • JUNGS SIND DOOF

UND WIE ES WEITERGEHT

SÜDWEST

Inhalt

Vorwort

Auf einem Kettenkarussell durch die Luft zu schweben, mitten auf einem bunten Jahrmarkt, mit lauter Musik, vielen Menschen – das bringt einen zum Lachen und weckt Sehnsüchte, immer weiter zu fliegen. Manchmal gibt es aber auch ein flaues Gefühl im Magen, Tränen, Schwindel, Angst, abzustürzen. So ungefähr kann auch die Pubertät sein, mit ihren vielen Veränderungen, mit den Chancen und Risiken, erwachsen zu werden. Immer wieder dieses aufregende Kribbeln im Bauch: Wie wird es weitergehen?

Keine Angst: Die Pubertät ist keine Krankheit.

Iiiih – Aufklärungsbücher!?

Bücher haben Vorteile: Sie beantworten neugierige Fragen, ohne daß sich die Leserin blöd vorkommen muß. Ohne daß eine Mutter mißtrauisch guckt: Warum nur will sie jetzt – mit 13 – wissen, wie sich der Körper verändert, wenn eine Frau schwanger ist? Sie wird doch nicht ...? Oder: Junge schöne Frauen preisen im Werbefernsehen abwechselnd die Vorteile von Tampons oder Binden an, und ein Mädchen hat noch immer nicht ihre Tage. Oder: Wie ist das mit dem Samenerguß bei Jungen?

Nachschlagen unter »Ovulation«

Mit diesem Buch wollen wir eine Expedition durch den Dschungel der Pubertät unternehmen. Wer ganz rasch eine bestimmte Sache wissen will, kann schnell im »Stichwortverzeichnis« am Ende dieses Buches nachschlagen. Zusätzlich gibt es auch ein »Adressenverzeichnis« mit einigen Beratungsstellen, wo einem Expertinnen weiterhelfen, wenn Gespräche in der Familie und mit Freunden ein Problem nicht lösen können.

Fragen über Fragen. Dieses Buch nimmt Fragen sehr ernst, denn keine – wirklich keine – Frage ist dumm. Nur wer Fragen stellt und Antworten kriegt, weiß Bescheid.

Mitreden können

Expertinnen sind auch die Mädchen und Frauen, die wir zu den Themen dieses Buches befragt haben. Ihre Erfahrungen und Gedanken sind mit eingeflossen, teilweise kommen sie selbst zu Wort. Die Erfahrungen dieser Mädchen und Frauen sind ganz unterschiedlich – doch sie spiegeln auch das wider, was Fachleute, zum Beispiel Psychologen oder Mediziner, über die Jahre zwischen Kindheit und Erwachsensein herausgefunden haben. Das Wichtigste haben wir für dieses Buch aus dem Fach-Chinesisch übersetzt und aus dicken Wälzern herausgefiltert – das ist schließlich unser Beruf (wir arbeiten als Journalistinnen, Elisabeth Raffauf auch noch als Psychologin). Und: Bei der Arbeit am Buch haben wir uns auch daran erinnert, wie es uns selbst in dieser Zeit – zwischen 11 und 18 – ging.

KAUGUMMI-KÜSSE

Kaugummis sind gar nicht so ohne. Wenn man den Traummann trifft, aber gerade Knoblauch gegessen hat oder sich nicht die Zähne putzen konnte...

»Meinen ersten Kuß bekam ich mit zwölf. Er hieß Ulli, hatte blonde Locken und blaue Augen. Wir haben uns im Ferienlager in der Schweiz kennengelernt. Zwei Wochen im Winter. Ich fand ihn die ganze Zeit toll, passiert ist es aber erst auf der Rückfahrt im Zug. Wir fuhren mit dem Schlafwagen. Abends im Gang beim Gute-Nacht-Sagen ging es schon los. Die Beleuchtung war schummrig. Wir standen im Gang zwischen zwei Waggons, es wackelte, und er drückte seine Lippen auf meine. Ich tat dasselbe. Ich spürte irgendwie auch was Nasses und preßte eifrig weiter. Dann gingen wir zurück ins Abteil - jeder in seins. Am nächsten Morgen ahnte ich: Jetzt mußte es passieren. Aber: Morgenstund hat Gold im Mund - und ich hatte keine Zahnbürste zur Hand. Also fragte ich bei den anderen Mädels nach einem Kaugummi. So gestärkt, ging ich dann in sein Abteil. Ich weiß nur noch, daß er seine Zunge in meinen Mund steckte, und ich ganz zaghaft versuchte, meine auch zu bewegen. Komisch war's. So sollte Liebe sein? Den Typ fand ich hinterher immer noch toll. Und Kaugummi-Küsse — na ja, es gibt bessere Geschmacksrichtungen.«

Elisabeth Raffauf

»Ich kann mich noch gut daran erinnern, wie ich heimlich – mit elf – aus dem Wohnzimmerschrank das Buch ›Der Hausarzt‹ genommen habe. Nicht, um etwas über die Bekämpfung von Schnupfen zu lesen, sondern um zu erfahren, wie das mit dem Sex genau funktioniert. Die Lehrerinnen redeten ziemlich um den heißen Brei herum. Weil ich die jüngste war, bekam ich auch als letzte in der Klasse einen Busen und fühlte mich immer zurückgeblieben. Deswegen habe ich im Sommer am Strand lieber ein T-Shirt getragen — ich kam mir im Bikini so mickrig vor. Und wie toll war es, als der erste BH paßte. BHs trug ich dann immer, bis mir ein Freund beim Schmusen sagte: ›Warum mußt Du immer diese Dinger tragen, bei Deinem schönen Busen...‹ Später, im Studium, habe ich oft gedacht: Wenn Du dies oder jenes mit 15 einfach schon gewußt hättest, wäre die Angst nicht so groß gewesen. Und vieles bleibt wohl ein Leben lang: zum Beispiel, daß ich Pickel kriege, wenn ich mich aufrege. Oder auch Gläser umkippe, wenn ich dieses Kribbeln im Bauch habe.«

Christel Boßbach

Man muß nicht alles, was möglich ist, ausprobieren – aber man sollte alles Mögliche und Unmögliche wissen. Wissen schützt vor Dummheit – oder wie ein bekannter Ausspruch lautet: Wissen ist Macht.

! Expertin sein – Mädchen, die wissen, was Sache ist, können gelassen lächeln.

LOLA LUNA: Es gibt noch eine Expertin, eine Art »Reiseleiterin« durch das Buch – die haben wir allerdings erfunden. Wir haben sie Lola Luna getauft. Lola – das klingt frech und neugierig. Luna, der Mond, ist nur im Deutschen ein männliches Wort – in den meisten anderen Sprachen ist er weiblich, eine Mondin. Luna ist der Himmelskörper der Frauen.

Lola Luna erzählt, wie es früher einmal war oder wie Mädchen und Frauen in anderen Ländern manche Probleme anpacken und zu lösen versuchen.

1. Pickel, ZOFF und Teddybär

ABSCHIED VON DER KINDHEIT

LOLA LUNA: Wenn ein Mädchen im alten Griechenland »mannbar« wurde, also, wenn Jungen angesagt waren, mußte sie ihr Spielzeug der Liebesgöttin Aphrodite weihen. Das Mädchen ging in den Tempel der Göttin und hängte es dort auf. So forderte es die Sitte.

Das Spielzeug an den Nagel hängen – so eine klare symbolische Handlung wie für die Mädchen im alten Griechenland gibt es bei uns nicht für den Beginn der Pubertät. Auf diese Weise würden Mädchen wenigstens wissen: Jetzt bin ich kein Kind mehr, jetzt bin ich eine Frau. Bei uns gibt es nur vage Altersangaben: Zwischen 11 und 15 geht es los – und mit ungefähr 18 Jahren ist ein Mädchen dann Frau. Es existiert einfach kein fester Zeitpunkt für den Beginn des Erwachsenwerdens – und auch keiner für das Ende der Kindheit.

Der Übergang ist fließend. Daß jetzt die Zeit da ist, in der sich der entscheidende Wandel zum Frausein vollzieht, dafür gibt es verschiedene Anzeichen. Eins ist zum Beispiel die Reaktion der Mitmenschen, die meinen: Jetzt ist sie in der Pubertät. Jetzt könnt ihr mit der erst einmal nicht mehr rechnen. Sie ist launisch, sprunghaft, irgendwie doof geworden – und überhaupt: Man weiß nicht mehr so genau, woran man bei ihr ist. Jedenfalls verhält sie sich nicht mehr so wie früher.

»Es wird langsam immer weniger Kindheit, immer weniger mit Puppen spielen und immer mehr mit Freundinnen über Jungs reden und immer mehr ›Bravo‹. Man wird langsam mehr Frau.« (Eva, 19)

Es hört sich fast wie ein Warnschuß an, der von der Umgebung abgegeben wird: »Achtung, Pubertierende, nicht zurechnungsfähig, Abstand halten!«

Vom Kind zur Frau – das ist wie eine lange Reise. Manchmal scheint es gar nicht voranzugehen, dann geht es plötzlich wie im Flug. Doch: Alle Mädchen kommen früher oder später am Ziel an.

11

»Meine jüngeren Geschwister meinten im nachhinein, ich wär' so doof geworden, hätte überhaupt nicht mehr mit ihnen gespielt.«
(Eva, 19)

Neue Spielregeln

Was ist das überhaupt, was allen so unheimlich ist, die Pubertät? Da gibt es keine fest umrissene Erklärung. Ein Mädchen hängt auf einmal zwischen allen Stühlen. Es fehlt ihr plötzlich der Halt. In welche Richtung sie gehen soll, ist auch fraglich. Klar ist nur: Die alten »Spielregeln«, das, was früher selbstverständlich schien, funktioniert nicht mehr. Bislang geliebte Beschäftigungen sind uninteressant.

»Ich hab' nicht den Wunsch zu sagen, ich bin 'ne Frau, aber ich hab' den Wunsch zu sagen, ich bin kein Kind mehr. Und das bedeutet, daß ich nicht mehr mit Puppen spiele oder die Autos raushole.«
(Johanna, 15)

ALLES WIRD ANDERS

Konkret macht sich die neue Phase an den körperlichen Veränderungen fest: Innerhalb von drei

Manche Mädchen bekommen sehr schnell runde, frauliche Formen; andere schießen in die Höhe, werden dünn und schlaksig.

bis vier Jahren verwandelt sich der kindliche Mädchenkörper in den Körper einer Frau, mit runderen Formen, deutlichen Brustwarzen und dunkleren Farben. Neue Hormone beeinflussen den Körper: Die Brüste beginnen zu wachsen, unter den Armen und um die Schamlippen sprießen Haare. Die Taille bildet sich aus. Schließlich setzt die Menstruation ein, die monatliche Blutung, die einen ab jetzt begleiten wird (siehe 2. Kapitel). Das alles passiert im Alter zwischen 11 und 15 Jahren.

Wachstumsschub

Eingeleitet wird die körperliche Umbruchphase durch einen ungestümen Wachstumsschub: 15 bis 20 Zentimeter in drei Jahren, das ist sehr viel schneller als das bisherige Wachstum des Kindes. Ergebnis: Das Mädchen wird lang und schlank, vielleicht erst schlaksig und ungelenk, aber gleichzeitig fraulich. Die Taille bildet sich aus. An Po, Hüften und Oberschenkeln sammelt sich mehr Fettgewebe an, eine wichtige Voraussetzung dafür, daß die Menstruation in Gang kommt. Das ganze dauert zwei bis drei Jahre, etwa bis die Menstruation einsetzt.

Die Brüste

Gleichzeitig mit diesem Wachstumsschub wird die Brustknospe rund und empfindlich für Berührungen. Die Brust beginnt zu wachsen. Dies geschieht durch den Einfluß der Östrogene, der weiblichen Geschlechtshormone. Die Entwicklung der Brust setzt ungefähr ein oder zwei Jahre vor Eintritt der ersten Menstruation ein, und sie dauert etwa zwei oder drei Jahre.

Körperhaare

Kurz nach Beginn des Brustwachstums erscheinen die ersten Körperhaare. Sie wachsen noch zwei oder drei Jahre weiter und werden langsam mehr. Zunächst sprießen nur ein paar Härchen auf den großen Schamlippen, im Laufe der Zeit wird der Haarwuchs dann immer dichter. Mit etwa 14 oder 15 Jahren ist das sogenannte weibliche Schamdreieck ausgebildet. Zur selben Zeit wächst ein leichter Flaum unter den Armen, der nach und nach durch dunkler gefärbte Haare ersetzt wird.

Wozu denn diese Haare?

Die Körperhaare fangen die Duftstoffe auf, die der Körper jetzt vermehrt ausscheidet. Denn diese sind kostbar: Sie dienen als Liebesduft, das heißt, sie regen andere sexuell an — allerdings nur, wenn man sich gegenseitig »gut riechen« kann.
Es soll Frauen geben, die sich, bevor sie ihren Freund treffen, zwei Tage lang nicht waschen, damit sich der Liebesduft optimal entfaltet. Das klappt natürlich nur bei guter Terminabsprache.

Äußere Geschlechtsorgane

Die äußeren Geschlechtsorgane der Frau heißen lateinisch **Vulva.** Sie bestehen aus den großen und kleinen **Schamlippen,** die den Scheidenvorhof mit der Schamspalte umgrenzen. Diese Vulva bildet sich in der Pubertät aus und färbt sich dunkler. Hinter ihr liegt

die **Klitoris,** das ist wiederum griechisch und bedeutet **Kitzler.** Der Kitzler wird ebenfalls größer. Frauen nennen ihn auch häufig Perle, weil er ein bißchen so aussieht. Und bestimmt heißt er Perle, weil er das sexuell empfindlichste Organ ist – er ist sehr erregbar.

Die **Schamspalte** verändert ihre Position: Von ihrer nach vorn gerichteten Lage geht sie über in eine nach unten gerichtete, horizontale Position.

Die dünne, feine Haut des **Hymens** – das ist das berühmte **Jungfernhäutchen** – verdickt sich. Seine unterschiedlich geformte Öffnung mißt etwa ein bis zwei Zentimeter, wobei die unregelmäßigen Ränder sich aneinanderfügen, um sie geschlossen zu halten.

Innere Geschlechtsorgane

Die Scheidenwand – für **Scheide** wird häufig das lateinische Wort **Vagina** benutzt – wird dicker und ordnet sich in einer Reihe übereinanderliegender Falten an. Der ganze Scheidenbereich wird säurehaltig – und bleibt es das ganze Leben lang. Dieser Säurezustand schützt die Scheide vor Infektionen.

Körperhaare, Brustwachstum, Entwicklung der Geschlechtsorgane... Bei Mädchen beginnt alles etwas früher als bei Jungen.

Das Körperwachstum wird von besonderen Wachstumshormonen gesteuert. Es erfolgt oft in Schüben; die stärksten finden meist im zwölften Lebensjahr statt.

LOLA LUNA: In manchen Sprachen gibt es sehr blumige Ausdrücke für die weiblichen Geschlechtsorgane. Im Italienischen beispielsweise heißen sie »Papillone«, zu deutsch: Schmetterling.

»Der Fernsehauftritt der Rolling Stones in der berühmten Ed-Sullivan-Show sorgte für den ersten feuchten Fleck in meinem jungfräulichen Höschen.« (Patti Smith, Rocksängerin)

Die **Scheidenschleimhaut** wird dunkler und durch hormonale Absonderungen feucht. Diese Feuchtigkeit soll die Scheide gleitfähig halten. Wenn Mädchen oder Frauen sexuell erregt sind, nimmt die **Gleitflüssigkeit** zu. Mädchen merken es daran, daß ihr Slip naß wird. Das ist sozusagen das spürbare Zeichen für sexuelles Verlangen. Auslöser können manchmal schon Worte, ein Buch, Musik oder ein toller Film sein.

te, ab. Während der Zeit des **Eisprungs** – also an den sogenannten fruchtbaren Tagen – ist die Flüssigkeit »spinnbar« und läßt sich in Fäden ziehen. Das ist ein Zeichen dafür, daß der Schleimpfropf, der den Gebärmutterhals abschließt, sich verflüssigt und für männliche Samen durchlässiger wird.

Die **Gebärmutter** – sie wird auch **Uterus** genannt – wächst stark. Bei der Geburt hatte sie die Größe einer Pflaume, jetzt wird sie birnengroß.

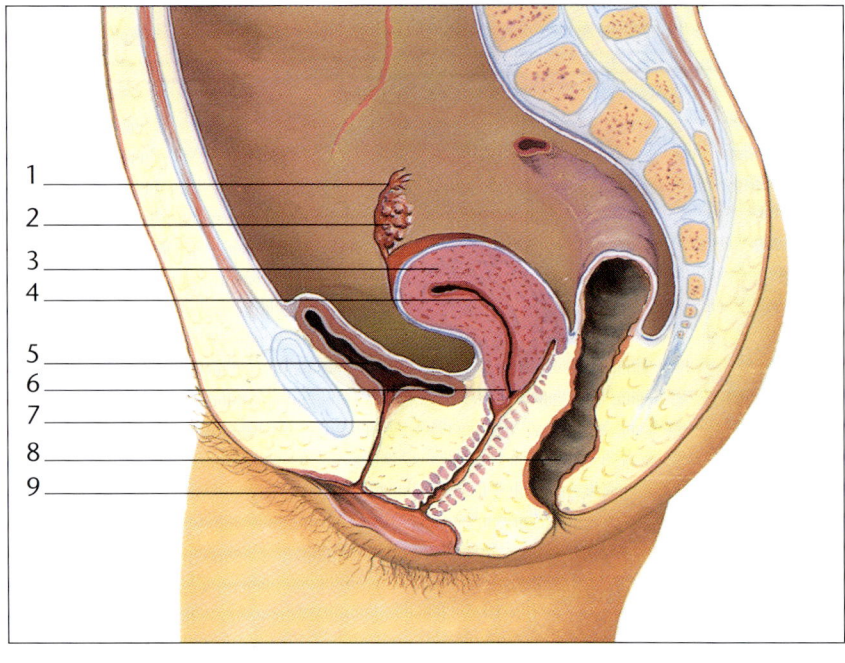

Lage der inneren Geschlechtsorgane: Eileiter (1), Eierstock (2), Gebärmutter (3), Gebärmutterschleimhaut (4), Harnblase (5), Gebärmutterhalskanal (6), Harnröhre (7), Darm (8), Scheide (9).

Der **Gebärmutterhals** (auch dafür gibt es wieder ein lateinisches Wort, nämlich: **Zervix**) ist der unterste Abschnitt der Gebärmutter. Dieser Gebärmutterhals wird etwas größer und wölbt sich in die Scheide hinein. Durch das Zentrum des Gebärmutterhalses verläuft der **Gebärmutterhalskanal**. Er verbindet die Gebärmutter mit der Scheide. Kleine Drüsen, die auf diesem Kanal sitzen, sondern farblose Flüssigkeiten, sogenannte **Sekre-**

Innere Stärke

Die Gebärmutter ist übrigens der stärkste Muskel des menschlichen Körpers. Kein Wunder, denn während einer Schwangerschaft dehnt sie sich aus: Ihr Gewicht wächst um das 16-fache – von normalerweise etwa 60 auf 1000 Gramm.

Die **Gebärmutterschleimhaut,** im Fachjargon **Endometrium,** kleidet die Gebärmutterhöhle aus. In der Jugendzeit verdickt sich dieses Gewebe. Es kann im Verlauf der Menstruationszyklen zunehmen und sich wieder abbauen.

Die **Eierstöcke** (lateinisch **Ovarien**) werden dicker, und die **Eileiter** (auch **Tuben** genannt) nehmen ebenfalls an Umfang zu. Eileiter, Eierstöcke und Gebärmutter sind miteinander verbunden. Diese Verbindung ermöglicht jeden Monat den Durchgang der **Eizelle**, der weiblichen Geschlechtszelle, vom Eierstock über den Eileiter in die Gebärmutter.

JEDEN BUSEN GIBT'S NUR EINMAL

Wie der körperliche Wandel aufgenommen und erlebt wird, ist natürlich sehr unterschiedlich. Für manche Mädchen kann es ganz schön verwirrend und beängstigend sein.

»Als meine Brust anfing zu wachsen, das war unangenehm, das hat auch immer weh getan beim Laufen.« (Fee, 13)

entwickelt sich‹, sagte er und schielte dabei unzweideutig auf meine neuen Rundungen. Ich hätte in der Erde versinken können, da ich mich zum erstenmal vom abschätzenden Blick eines Mannes in Besitz ›genommen‹ fühlte.«

Blöde Bemerkungen

Jetzt gehen Mädchen eindeutig in ein Lager der zwei möglichen Geschlechter über – in das weibliche nämlich.

Wenn die Brustwarzen hart und dick werden und die Brust allmählich anfängt zu wachsen, verstecken das viele Mädchen vielleicht lieber. Sie wollen sich nicht den Sprüchen und Blicken der Umgebung aussetzen, sondern erst mal selbst damit klarkommen. Christiane Olivier schreibt in ihrem Buch »Jokastes Kinder«, wie sie das erlebt hat: »Mein Cousin machte über meine wachsende Brust zu meiner Mutter eine Bemerkung, als wenn er über die steigenden Obstpreise sprechen würde: ›Na sowas, Christiane

Noch bevor sie selbst richtig wahrgenommen haben, was jetzt eigentlich passiert, sind andere, die mehr von den »großen Geheimnissen« der Körperlichkeit wissen, schon dabei, die Veränderungen zu bemerken und zu bewerten. Manchmal werden auch noch blöde Bemerkungen gemacht.
Die Mädchen selbst können damit überhaupt nichts anfangen, sind eher peinlich berührt, denn diese Bewertungen haben mit ihren eigenen Gefühlen überhaupt nichts zu tun. Mädchen brauchen erst

»Ich kann mich an die Zeit erinnern, als meine Brüste zu wachsen begannen. Meine Eltern und deren Freunde fanden das unheimlich lustig und niedlich. Mann, war das peinlich.« (Heather Nova, Popsängerin)

mal Zeit, um zu gucken: Was passiert hier überhaupt mit mir? Und diese Zeit sollten sich alle nehmen. Also, bloß nicht irritieren lassen! Jungen geht es übrigens nicht anders (siehe 6. Kapitel).

Mieder und Co.

Möglicherweise steht ein Mädchen der Entwicklung ihrer Brust ganz unbefangen oder sogar stolz gegenüber. Es sei denn, sie macht Erfahrungen, wie sie die französische Schriftstellerin und Frauenrechtlerin Simone de Beauvoir in ihrer Jugend machen mußte. Sie war ein wildes, ungestümes Mädchen, wurde aber von ihrer Mutter ausgebremst: Auf der Hochzeit einer Cousine bemerkte Simones Mutter plötzlich, daß die frisch entwickelten jugendlichen Brüste der Tochter fast das Oberteil ihres Kleides sprengten. Und was machte die Mutter? Sie band der Tochter in aller Eile die Brust so straff ein, daß sie flach genug wurde, um in dem engen Mieder halbwegs »anständig« auszusehen. Die Tochter, die bislang relativ unbefangen mit den Neuerungen, die an ihrem Körper vorgingen, umgegangen war, konnte nur glauben, daß sie durch das Wachsen ihrer Brüste etwas falsch gemacht hätte.

Jede Brust ist anders, aber jede Brust ist ganz normal. Ob größer oder kleiner, gleich oder ungleich, eher aufgerichtet oder ein bißchen hängend – das spielt keine Rolle. Mädchen können einen BH tragen, sie müssen aber nicht.

Ungleiche Zwillinge

Das Einschnüren in enge Mieder ist heute glücklicherweise vorbei. Man kann beim Brustwachstum auch gar nichts »richtig« oder »falsch« machen. Der Busen wächst, wann er will, wie er will und solange er will. Dabei macht sich häufig auch noch die eine Brust von der andern unabhängig und wird größer als die Partnerin.

Natürlich vergleichen Mädchen ihre Brüste untereinander und stellen fest: Sabine hat einen großen Busen, und bei mir geht das alles ziemlich langsam voran. Und auch wenn ein Mädchen gar nicht so unzufrieden ist, kann es ihr ergehen wie Johanna, die wegen ihrer kleinen Brust in der Schule gehänselt wurde:

> »Ich hatte lange keine Brust, und damit haben mich viele aufgezogen, die Jungs haben ›Flachland‹ zu mir gesagt. Das war doof, nicht so zu sein wie die anderen.«
> (Johanna, 15)

In den Köpfen vieler Leute scheint so etwas wie ein Brustideal zu stecken, also die Idee, daß eine Brust so und so groß und straff sein muß. Das wird durch Zeitschriften, Filme und Werbung auch noch gefördert, ist aber absoluter Quatsch. Möglicherweise ist ein Mädchen unsicher und weiß nicht, ob sich bei ihr alles richtig entwickelt. Sie fragt sich, ob der Busen noch wächst, ob das normal ist, daß sich da so feste Knubbel bilden, die schmerzen, und daß eine Brust kleiner ist und die andere größer.

Mein Busen, Dein Busen

Wer sich wirklich mal umschaut in der Schule, auf der Straße, im Schwimmbad oder in der Sauna, wird ganz schnell feststellen: Mädchen und Frauen haben ganz unterschiedliche Brüste. Kein Busen ist wie der andere, es gibt kein Einheitsmaß – und das ist auch gut so. Das Unterschiedliche ist das Normale. Wie langweilig wäre es, wenn alle Busen gleich wären. Jede hat ihren eigenen Busen, und der ist ganz individuell nur ihr Busen, so einen hat keine andere.

Genausowenig wie es einen Einheitsbusen gibt, verläuft das Wachstum der Schamhaare bei allen gleich oder bekommen Mädchen zur selben Zeit wie die Freundin die Periode. Das kann natürlich bedeuten, daß eine Freundin noch gern auf den Spielplatz geht und die andere schon lieber mit Freundinnen über Jungen redet. Mit diesen ganzen körperlichen Veränderungen verändern sich eben auch die Interessen, die Gefühle und die Stimmungen. Bei Fee und Jana läuft die körperliche Entwicklung zwar nicht parallel, Fee hat schon ihre Tage und auch schon einen Freund und Jana noch nicht, aber was ihre Interessen angeht, sind sie sich ziemlich einig: weggehen.

ZOFF ZU HAUSE

Mit Eltern gibt es jetzt häufiger Streit als früher: Sie verstehen ihre Tochter nicht mehr und wollen ihr Vorschriften machen, zum Beispiel, wann sie zu Hause zu sein hat. Möglicherweise sind sie mit den Freunden,

»Uns interessiert, was die meisten Mädchen interessiert: Jungen, weggehen, weggehen ohne Eltern – und Parties. Außerdem haben wir auf Schule nicht mehr so 'ne Lust.«
(Fee und Jana, 13)

Neue Freunde und Freundinnen werden wichtig – vor allem die beste Freundin, mit der man alle Interessen und Geheimnisse teilt.

die ihre Tochter auswählt, nicht einverstanden. Über die wichtigen Dinge kann sie oft nicht mit ihnen sprechen.

Bis zum 17. Jahrhundert brauchte es gar keine Aufklärung. Die Heranwachsenden bekamen alles hautnah mit. Kinder, Eltern, Knechte, Mägde, Gesellen – alle schliefen meist nackt in einem Raum. Erst im 18. Jahrhundert wurde Sexualität »versteckt«.

»Daß Eltern einen aufklären, ist schwierig, weil man zu denen eine andere Beziehung hat. Das sind eben Eltern und keine Freunde. Da kann man nicht übers erste Mal reden auf freundschaftlicher Basis, und hinterher verbieten sie einem wieder irgendwas.« (Eva, 19)

Oder daß sie sich plötzlich für Handballtraining oder den Oma-Besuch nicht mehr die Bohne interessiert. Daß sie lieber in ihrem Zimmer laut Ambient-Musik hört und vor sich hinstiert. Dabei haben ihre Eltern früher wahrscheinlich die Rolling Stones oder die Beatles fanatisch verehrt – wenn überhaupt. Eltern sind vielleicht erst einmal enttäuscht, weil sie sich die Entwicklung ihres Nachwuchses anders vorgestellt hatten. Vielleicht haben sie auch nur genügend Streß am Hals, leben getrennt oder wollen sich trennen und sind

*»Ich bin kein Kind mehr...«
Gespräche mit den Eltern sind manchmal ganz schön problematisch. Und den Müttern fällt es oft besonders schwer, zu akzeptieren, daß ihr kleines Mädchen nun eine Frau wird.*

Eltern verstehen einfach nicht, daß es für ihre Tochter unmöglich ist, pünktlich um neun Uhr zu Hause zu sein, wenn doch gerade, als sie die Kneipe verlassen wollte, Joachim zur Tür reinkam.

hauptsächlich mit sich selbst beschäftigt. Dann versuchen sie ihre Tochter vielleicht in ihren Streit einzuspannen. Es ist ganz schön hart für ein Mädchen, sich da rauszuhalten und Ihnen klarzumachen, daß sie schließlich beide liebt.

Die Mutter ist nicht mehr die beste Freundin

Klar, wenn ein Mädchen bisher gut mit ihren Eltern auskam, sind sie ihr nach wie vor wichtig als Ansprechpartner. Aber Freunde und Freundinnen werden noch wichtiger. Mit denen will sie sich austauschen, von denen will sie anerkannt sein. Die meisten Mädchen haben jetzt eine »beste Freundin«, eine Busenfreundin, mit der sie über alles reden – von Pickeln bis zum Petting. Mit der sie heimlich die erste Zigarette rauchen, das Schminken ausprobieren, sich über Jungen unterhalten.

»Es geht mir darum, von 18- bis 20jährigen akzeptiert zu werden, nicht von Erwachsenen, das ist mir egal.« (Johanna, 15)

Jungen mit anderen Augen sehen

Im Verhältnis zu Jungen verändert sich einiges: Eva hatte zum Beispiel früher viel mit Jungen gespielt. Das war ganz normal gewesen, doch dann wurde das Verhältnis plötzlich in Frage gestellt: Sie wußte erst mal nicht mehr so genau, wie sie sich verhalten sollte.

»Jungen gegenüber wird man unsicher. Vorher ist man noch so gleich, und dann wird das so getrennt. Da gehen erst mal die Wege auseinander.« (Eva, 19)

Für Jana hingegen ist der Kontakt zu Jungen sogar noch intensiver geworden:

»Früher sind wir mit unseren Freundinnen jeden Tag in den Volksgarten gegangen, jetzt reden wir mehr und machen mehr mit Jungs. Früher waren Mädchen und Jungen getrennt, es gab Mädchenkriege oder Jungenkriege, heute machen wir schon mal was zusammen.« (Jana, 13)

Das Verhältnis zu Jungen verändert sich, das Verhältnis zu Mädchen verändert sich, das Verhältnis zu den Eltern und zur Schule verändert sich – was bleibt eigentlich noch? Hin- und hergerissen in dem ganzen Trubel, fragen sich Mädchen auch: Wo sind die Freunde, die Gesprächspartner? Mit wem können wir reden, wem können wir uns anvertrauen?

Bonjour tristesse?

Bevor jetzt etwas Neues an die Stelle von Puppen und Autos tritt, geht

Jungen und Mädchen sind nicht mehr die alten Spielkameraden. Sie haben ein ganz neues – ein erotisches – Interesse aneinander. Doch die neuen Spielregeln müssen erst mal ausgetestet werden.

Zwischen tiefer Niedergeschlagenheit und ganz neuen Möglichkeiten – das Durcheinander der Gefühle ist auf jeden Fall aufregend.

es vielleicht manchem Mädchen wie Simone de Beauvoir: Ihre Freundin Zaza hielt sie auf Distanz, obwohl Simone die vertrauliche Nähe zu ihr suchte; sie war für Zaza allerdings nur eine Schulfreundin. Zaza betrachtete zum Beispiel alles, was Sexualität betraf, als unanständig und weigerte sich, darüber zu sprechen. Simones Mutter klärte ihre Tochter auch kaum über die Veränderungen auf, die mit ihrem Körper passierten. Ihre Schwester Hélène hatte sich mittlerweile mit Gleichaltrigen enger angefreundet, und so hockte Simone häufig zu Hause und war sich selbst überlassen.

Durch muß jede selbst

Viel hilft da leider nicht. Einen Knopf zum Abstellen gibt es nicht. Was bleibt, ist, den Veränderungen ins Auge zu blicken. Vielleicht können Mädchen versuchen, sich selbst in dieser Zeit besser kennenzulernen und zu verstehen. Vielleicht gibt es eine Freundin, mit der sie darüber sprechen können, oder sie können sich einer anderen Person anvertrauen. Durch muß jede selbst.

Neue Freiheit?

Die Last, die das Ganze mit sich bringt, ist nicht von Pappe: Die Loslösung, das Aufbrechen der

EIN SCHWACHER TROST

Alle, von Madonna über Kim Basinger bis zur Sportlehrerin, haben das mitgemacht. Selbst der Papst war einmal in der Pubertät. Na gut, der ist ein Mann, aber trotzdem...

**»Mit 14, 15 hatte ich ständig Zoff mit meinem Vater, weil ich einen Freund hatte, der ihm nicht gepaßt hat. Er sagte zum Beispiel: ›Wieso mußt Du den denn noch anrufen, Du hast den doch heute schon in der Schule gesehen.‹ Das war vielleicht nervend.«
(Eva, 19)**

Lonesome Blues

Mit der Einsamkeit erwacht auch die Sehnsucht – aber die Sehnsucht wonach? Nach einer tollen Freundin, der ein Mädchen sich anvertrauen kann, nach einem Superfreund, der zärtlich ist und sie versteht, nach Eltern, die nicht ständig meckern und was auszusetzen haben, sondern einen vielleicht mal anhören. Und ach, sie weiß auch nicht so genau, wonach sie sich sehnt, nach einem tollen Leben eben ... Nur, von selbst stellt sich dieses Leben nicht ein. Und was kann sie schon dagegen tun, gegen diese Unzufriedenheit und Traurigkeit, gegen diese Gefühlsschwankungen?

neuen Freiheits- und Revoluzzergefühle, bedeutet nicht nur: »Mir stehen jetzt alle Möglichkeiten offen.« Im Gegenteil, denn sonst würde man sich ja nicht häufig so elend fühlen. Jedes Mädchen muß sich neu festlegen – aber wie? Was sind das überhaupt für tolle Freiräume, und wie soll sie die neu nutzen? Dazu muß sie sich zuerst einmal auch von etwas verabschieden. Die kindliche Unbeschwertheit geht flöten, Jungen und Mädchen sind nicht mehr die alten Spielkameraden. Ein Mädchen muß sich jetzt auf eine Seite schlagen und sich vom Kindsein, von der Zeit, in der Jungen und Mädchen noch in einem Lager sind, verabschieden.

»Mit 13 oder mit 15 geht man nicht mehr zusammen mit Jungs in die Badewanne, und bei denen Übernachten ist auch plötzlich verboten.«
(Eva, 19)

Die Aufmerksamkeit, die Mädchen Jungen schenken, hat sich auch gewandelt. Und der Platz, den ein Mädchen neu finden muß, tja, wo ist denn der? Irgendwo zwischen den ganzen Leuten, die sich schon erwachsen schimpfen, oder gibt's vielleicht auch noch ein anderes Plätzchen? Das Problem ist, daß die Plätze ganz schön unterschiedlich sind, aus Samt sind sie jedenfalls nicht immer, manche scheinen eher aus Beton zu sein. Am besten ist es, wenn ein Mädchen den Platz öfter wechseln kann. Abwechslung tut gut, und auf dem »Platz an der Sonne« kann sie es auch nicht den ganzen Tag aushalten – das wäre ja langweilig.

Trotzdem

Es bleibt etwas, und darauf können Mädchen in diesen turbulenten Zeiten auch bauen: Die bisherigen Stärken gehen nicht verloren. Die Interessen verlagern sich, aber die erworbenen Fähigkeiten bleiben erhalten. Es ist weiterhin möglich, mit sich selbst klarzukommen oder den Mund aufzumachen, wenn einem was nicht paßt.

Das ganze Gefühlschaos, das Mädchen empfinden, muß sich erst auflösen. Doch das ist nicht allein frustrierend, sondern auch spannend. Alle Mädchen müssen da durch, um ihren ganz eigenen Weg zu finden – und ihn dann auch zu gehen.

Was das Ideal wäre? Eine gewisse Eigenständigkeit und Unabhängigkeit, also daß ein Mädchen nicht mehr die gleiche Meinung haben muß wie die Eltern, daß sie sich unterscheidet – von der Mutter und auch von anderen Mädchen und dazu stehen kann. Etwas Eigenes finden. Das bedeutet keinesfalls, daß sie sich von der Mutter entfernen oder trennen muß. Sie, ebenso wie der Vater, ist und bleibt natürlich eine wichtige Person. Entscheidend ist, daß sich das Verhältnis wandelt: nah, aber mit mehr Gleichberechtigung. Das muß auch in Auseinandersetzungen ausgehandelt werden.

»Mein Vater konnte nicht einsehen, für einen BH oder Kosmetik Geld auszugeben. Tampons sollte ich auch selber bezahlen. Da hab' ich einen Aufstand gemacht.« (Eva, 19)

Chancen und Aufgaben

Die körperliche Entwicklung ist vielleicht noch einfacher zu handhaben als die seelische. Daß sich der Körper verändert, sogenannte frauliche Formen bekommt, kann vielleicht auch Spaß machen, interessant sein. Neben den ganzen Ängsten vor dem Neuen, Ungewissen haben Mädchen auch die Chance, den eigenen Körper neu zu entdecken. Das bedeutet, sowohl später selbst Mutter

Kinder leben fast nur im Jetzt, in der Gegenwart. Wenn wir erwachsen werden, wird das Zeitgefühl ganz anders. Plötzlich gibt es eine Vergangenheit – und die Zukunft klopft an die Tür.

werden zu können als auch in einem ganz neuen Maße Lust empfinden zu können.

»Ich finde mich nicht hübsch, vielleicht weil ich immer Freundinnen hatte, die hübscher waren. Auch meine frühere Freundin, die Aikin, war ziemlich hübsch, wenn ich mit der zusammen war, hab' ich mich häßlich gefühlt.« (Fee, 13)

Seelisch gesehen, gibt es eine ganze Liste von Möglichkeiten und gleichzeitig von Aufgaben, die einem Mädchen bevorstehen: Sie muß Frau werden, das heißt, sie muß ihr Augenmerk darauf lenken, welchem Geschlecht sie zugehört. Die Aussicht, bald ihren Weg allein und selbständig zu gehen, beflügelt, gibt Kraft und macht gleichzeitig angst. Jetzt, wenn Mädchen erst anfangen, ihr Leben selbst in die Hand zu nehmen, hört sich alles noch sehr kompliziert an. Da wünscht sich vielleicht manche ein großes Fest, auf dem, wie bei den alten Griechen, das Spielzeug an den Nagel gehängt wird.

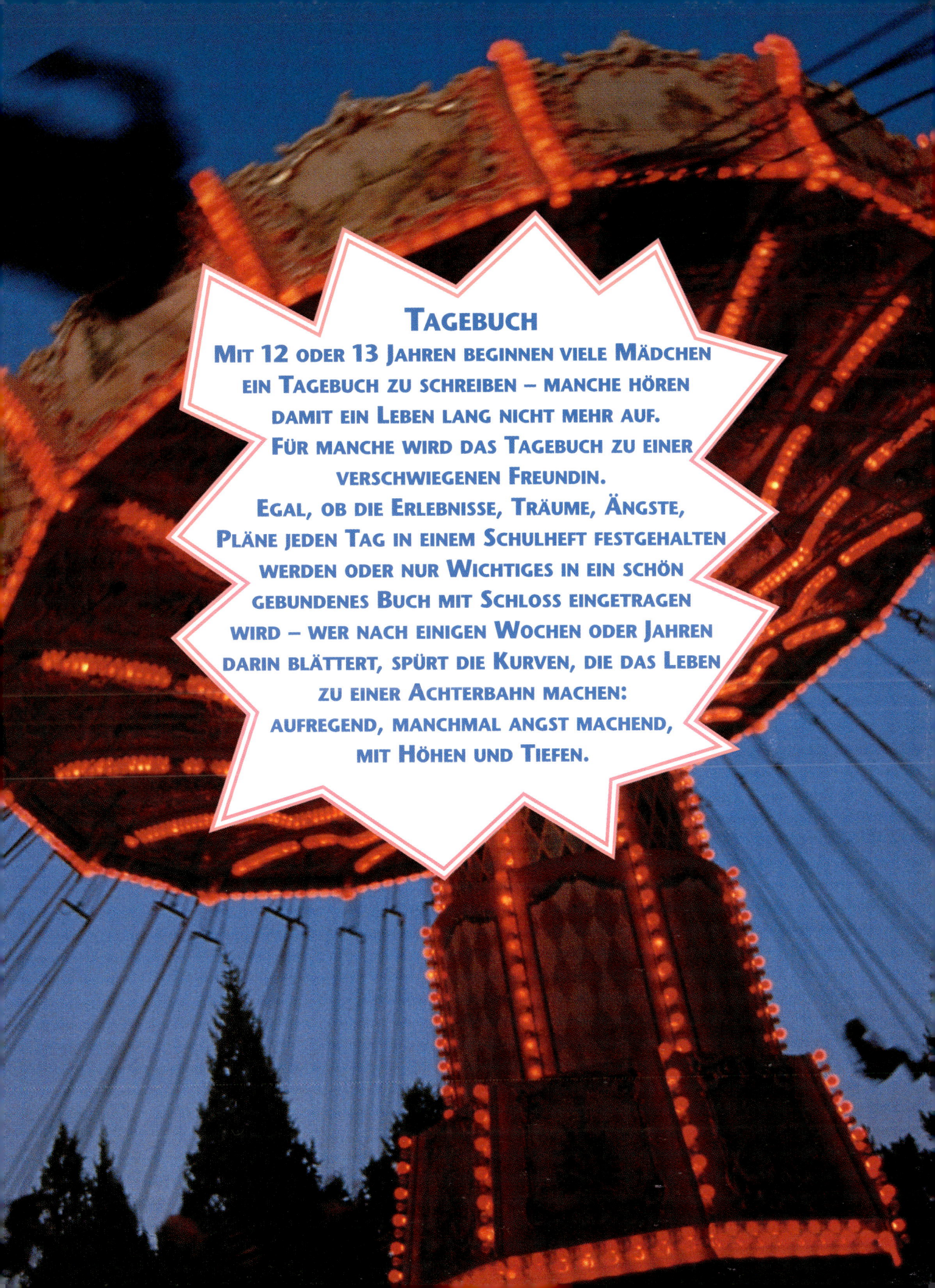

TAGEBUCH

Mit 12 oder 13 Jahren beginnen viele Mädchen
ein Tagebuch zu schreiben – manche hören
damit ein Leben lang nicht mehr auf.
Für manche wird das Tagebuch zu einer
verschwiegenen Freundin.
Egal, ob die Erlebnisse, Träume, Ängste,
Pläne jeden Tag in einem Schulheft festgehalten
werden oder nur Wichtiges in ein schön
gebundenes Buch mit Schloss eingetragen
wird – wer nach einigen Wochen oder Jahren
darin blättert, spürt die Kurven, die das Leben
zu einer Achterbahn machen:
aufregend, manchmal angst machend,
mit Höhen und Tiefen.

2. FEST und Frust

DIE ERSTE MENSTRUATION

»Meine erste Menstruation kam ganz plötzlich im Urlaub. Ich war völlig erstaunt und irritiert. Mein Vater sagte zu mir: ›Ist doch toll, jetzt bist Du eine Frau.‹ Das war auch toll, denn in der Schule wurde ich schon gefragt: ›Was, Du hast Deine Tage noch immer nicht?‹ Anfangs hatte ich dann immer Schmerzen im Unterleib, heute ist das mehr in der Mitte des Zyklus, beim Eisprung.« (Eva, 19)

Aufregend ist es in jedem Fall, wenn Mädchen zwischen 11 und 15 zum ersten Mal ihre Menstruation haben, wie die Monatsblutung lateinisch heißt. »Ich habe meine Tage« oder »Ich habe die Periode / Regel« – das verstehen auch alle. »Willkommen im Club«, heißt es dann bei den Freundinnen. Sie sitzen vielleicht schon seit einem Jahr einmal im Monat beim Sport auf der Bank und können zusehen. Und über die Vor- und Nachteile von Binden oder Tampons diskutieren. Vorbei die Zeit, in der sich die bange Frage stellte: Ist das noch normal, daß ich sooo alt bin und noch immer keine Blutung habe?

So weh tut's gar nicht

Es gibt Horrorgeschichten darüber, welche Schmerzen mit der Menstruation verbunden seien, oder daß es peinlich sei, wenn andere Leute – vor allem Männer – das mitbekommen. Es wird nun mal nicht in allen Familien so offen über Mann- und Frausein oder Sexualität gesprochen, wie das Evas Vater tat. Dann ist es wichtig, mit anderen darüber zu reden – mit den Freundinnen und mit Frauen, zu denen man Vertrauen haben kann und die vielleicht ganz andere Erfahrungen und Sichtweisen haben. Denn die Blutung ist zwar ein Vorgang im Unterleib, aber Kopf und Gefühle sind nicht losgelöst davon.

»Meine Tage würde ich lieber nicht haben, das ist ziemlich lästig. Dann wollte ich meiner Mutter auch nichts sagen, die stellt immer so blöde Fragen.« (Fee, 13)

Bei manchen Mädchen kommt sie früher, bei manchen später – die Regel. Das ist kein Grund zur Beunruhigung.

Der Fachausdruck für die allererste Monatsblutung heißt Menarche.

25

Vor der ersten Menstruation

Im Körper hat es schon lange vorher sichtbar und unsichtbar rumort: Brust und Körperhaare begannen zu wachsen, Hormone wurden produziert. Ohne die funktioniert der monatliche Zyklus nicht, an dessen Ende die Menstruation steht. Auch das Körpergewicht muß eine bestimmte Grenze überschritten haben, die je nach Körpergröße unterschiedlich ist. Ei-

Keine Angst vor Ausfluß! Die allermeisten Frauen sondern ein weißliches, manchmal auch etwas gelbliches Sekret aus der Scheide ab. Das ist nicht weiter schlimm.

Früher war Nacktheit kein Problem, doch jetzt ist es manchen Mädchen unangenehm, wenn andere sie so sehen. Das ist keineswegs altmodisch oder verklemmt. Mädchen sollten hier ihrem Gefühl folgen, bis sie sich in ihrem Körper sicher fühlen.

nige Monate vor der ersten Menstruation und auch später haben Mädchen ein bißchen weißlich-glasigen Ausfluß aus der Scheide (Weißfluß). Das ist nichts Schlimmes, sondern ein Signal, daß es bald losgeht. Wem das Warten nun zu lange vorkommt und wer regelrecht Panik bekommt, daß etwas nicht stimmt, kann zur Frauenärztin oder zum Frauenarzt gehen

(siehe 5. Kapitel) und nachfragen oder nachschauen lassen. Das ist besser, als sich gegenüber den anderen mickrig zu fühlen oder sich Greuelgeschichten auszudenken.

Grundsätzlich
... ist es ganz normal, daß die eine ihre Tage früher bekommt als die andere.

DAS ERSTE MAL, DAS ZWEITE MAL, DAS DRITTE...

Die meisten haben ein leichtes Ziehen im Unterleib oder auch ein Ziehen im Rücken, kurz bevor die Menstruation beginnt. Manche haben einen »Hungeranfall« oder fühlen sich rundlicher als sonst. Andere fühlen sich heiß am ganzen Körper. Das kommt daher, daß der Körper arbeitet und sich die Muskeln der Gebärmutter zusammenziehen, damit sich die Schleimhaut lösen kann.

Aus heiterem Himmel

Es kann aber auch passieren, wenn gerade ein Sportwettkampf ist oder Streß in der Schule, daß die ersten Blutströpfchen ohne jede Vorwarnung da sind. Es kommt nicht nur Blut, sondern es gibt auch Schleimhautstückchen und Schleim – deswegen ist das Menstruationsblut eine dickliche Flüssigkeit, die meist bräunlich aussieht. Die Menstruationsdauer liegt etwa zwischen vier und sechs Tagen, wobei die Blutung langsam geringer wird. Der Zyklus kann sich übrigens verkürzen oder verlängern – im Urlaub zum Beispiel.

Alles Greuelmärchen

»Ich habe das Gefühl, ich verblute« – wer solche Bemerkungen aufschnappt, kann mit Fakten antworten. Denn auch wenn die Blutung an den ersten Tagen heftiger ist, verliert eine Frau insgesamt nur rund 50 bis 80 Milliliter Flüssigkeit. Zum Vergleich: In ein normales Saftglas gehen 200 Milliliter.

LOLA LUNA:

In Kulturen, die Göttinnen verehrten, wie zum Beispiel früher in Indien, Ägypten oder dem Mittleren Osten, gab es eine besondere Zeremonie, wenn aus jungen Mädchen erwachsene Frauen wurden. Den Mädchen wurden mit Henna und anderen roten Farbstoffen die Füße gefärbt. Die rote Farbe symbolisierte das Blut der ersten Menstruation, die das Zeichen dafür ist, Kinder bekommen zu können.

Binden oder Tampons?

Früher gab es nur Binden, die an einer Unterhose festgeknotet wurden. Heute gibt es in manchen Drogeriemärkten meterlange Regale voll verschiedener Slipeinlagen, Binden und Tampons. Und die Werbeslogans aus dem Fernsehen helfen auch nicht viel weiter. Jedes Mädchen sollte einfach selbst ausprobieren, was für sie gut ist. Binden haben den Vorteil, daß sie schön dick sind und länger die Menstruationsflüssigkeit auffangen als Tampons. Es läßt sich auch leichter kontrollieren, wann ein Wechsel nötig ist. Aber: Bei sehr engen Hosen oder beim Baden kann man die Binde möglicherweise erkennen – im Gegensatz zu Tampons, die es in verschiedenen Größen gibt. Tampons sollten etwa alle drei bis vier Stunden gewechselt werden. Am bestens testet man einmal vor der Menstruation, wie der Tampon in der Vagina sitzen muß, damit er nicht zu spüren ist. Unangenehm wird es manchmal, wenn die Blutung schwach ist und die Tampons die Scheide zusätzlich austrocknen. Tampons lassen sich auch, um ganz sicher zu gehen, mit einer Slipeinlage kombinieren.

Einfach mal ausprobieren: Manche Mädchen (und auch Frauen) nehmen lieber Tampons, andere lieber Binden.

ÜBRIGENS...

...es ist ein Märchen, daß durch Tampons das Hymen (Jungfernhäutchen) verletzt werden kann. Das Häutchen hat sowieso eine Öffnung, damit das Menstruationsblut ausfließen kann. Und da paßt auch ein Tampon durch.

LOLA LUNA: In der Kunst werden junge Mädchen oft mit Blumen geschmückt abgebildet. Sie sind Sinnbilder für Fruchtbarkeit und Wachstum. In Frankreich zum Beispiel heißt die erste Menstruation deswegen »les fleurs« (die Blüten).

Die Menstruation ist ein körperlicher Vorgang – aber auch der Kopf ist nicht losgelöst davon.

Wäscheschoner braucht's nicht!

Achtung: Es ist Unsinn, Slipeinlagen dauernd zu tragen, denn die Plastikfolie speichert die Flüssigkeit, und es kann leichter zu Pilzinfektionen kommen. Wenn überhaupt, dann sind Slipeinlagen mit Papierrücken besser. »Hat es jemals solche Wäscheschoner für Männer gegeben?« fragt eine Buchautorin zu Recht.

Es reicht im übrigen aus, sich wie an anderen Tagen auch zu duschen oder zu waschen – ohne spezielle Lotionen oder Sprays für den »Intimbereich«. Vermieden werden sollten Kleidungsstücke, die ein feuchtes und warmes Milieu begünstigen – also enge Jeans, Leggings, Strumpfhosen etc.

28

WAS WÄHREND DER MENSTRUATION GUTTUT

Patentrezepte gegen die leichten Krämpfe oder Schmerzen im Unterbauch gibt es nicht. Aber es lassen sich die Erfahrungen anderer Mädchen und Frauen nutzen und ausprobieren. Zum Beispiel:

Wärme

Die gute alte Wärmflasche oder das Heizkissen auf dem Bauch weiten durch die Hitze die Gefäße und entkrampfen. Wer das Gefühl hat, es fehlt der letzte »Auslöser«, damit es endlich losgeht mit der Blutung, sollte ein warmes Bad nehmen. Mit gut riechenden Badesalzen oder Kräutern. Umgekehrt wird eine starke Blutung durch einen Saunabesuch oder durch Baden noch heftiger.

Bewegung

Gleichmäßige, nicht zu anstrengende Bewegungen wie beim Schwimmen, Spazierengehen, Radfahren oder Tanzen entspannen ebenfalls.

Ruhe

Viel Schlaf, einige Stunden auf dem Sofa vertrödeln, sich nicht von der Hektik der anderen anstecken lassen. Wer Ruhe haben will, ist deshalb noch lange nicht »zickig« oder »krank«. Genügend Ruhe ist wohltuend.

Entspannungsübungen

Sie sind natürlich nicht nur an diesen »Tagen« hilfreich. Wer Yoga macht, kennt vielleicht eine Übung, die guttut. Es kann auch angenehm sein, sich auf den Rücken zu legen und die Beine an der Wand abzustützen. Andere rollen sich vielleicht auf der Couch zusammen und signalisieren damit: In meinem Körper geht viel vor im Moment, und deshalb will ich mich ganz darauf konzentrieren.

Selbstbefriedigung

Sich streicheln und lieb zu sich selbst sein kann auch »durch und durch« gehen und Krämpfe lösen (mehr über Selbstbefriedigung im 3. Kapitel).

Kräuter

Wer an die »Hexe« in sich und an Zauberkräfte glaubt, kommt vielleicht durch Experimentieren selbst auf eine wohltuende Kräutermischung für einen Tee. Natürlich gibt es auch Experten für homöopathische und Naturheilmittel.

Mut zum Reden

Medizinisch ist nach wie vor unklar, ob die Schmerzen wirklich von den Hormonen und den körperlichen Vorgängen herrühren oder eher psychisch sind, das heißt, mit der Seele zu tun haben. Darüber reden hilft manchmal schon.

Selbstverständlich kann es auch manchmal wirklich schmerzhafter sein, wenn man sich zum Beispiel erkältet hat. In jedem Fall ist es gut, mit anderen darüber zu reden, was sie für Tips und Tricks für diese Tage haben.

29

Einige Wissenschaftler schütteln darüber den Kopf, aber viele Frauen und Mädchen haben es schon einmal erlebt: Wenn sie sehr eng zusammenleben – zum Beispiel in der Familie, als Freundinnen oder Kolleginnen, in einem Internat oder in einem Kloster – dann haben sie häufig ihre Menstruation zum gleichen Zeitpunkt.

WIE DIE HÄUTUNGEN DER SCHLANGE: DER MONATSZYKLUS

Die Menstruation steht am Ende des Zyklus – außer es hat eine Schwangerschaft begonnen. Der Zyklus dauert im Durchschnitt 28 Tage, doch längere oder kürzere Perioden sind keineswegs ein Grund zur Besorgnis. Gerade zu Beginn der Regelblutungen dauert es ein oder zwei Jahre, bis sich die Länge der Menstruationszyklen eingependelt hat.

Ein Kalender für die Tage

Zur Orientierung ist es ganz gut, jeweils den Beginn der Menstruation in einem Kalender zu markieren.

er Zyklus wiederholt sich Monat für Monat, bis die Frauen in die Wechseljahre kommen, meist zwischen dem 45. und 55. Lebensjahr. Dann geht es ihnen so ähnlich wie den jungen Mädchen am Beginn – nur umgekehrt: Die Zyklen und die Blutungen werden unregelmäßiger.

Schließlich hören sie ganz auf. Die Frauen können keine Kinder mehr bekommen – doch die Lust am Sex hört damit noch lange nicht auf.

LOLA LUNA: Im alten Babylon, etwa um 4000 vor Christus, wurde die Göttin mit einem Schlangenkopf abgebildet. Die Schlange ist ein Symbol für weibliche Fruchtbarkeit – und auch für Unsterblichkeit. Schließlich streift die Schlange jedes Jahr ihre Haut ab und erscheint wie neugeboren. So wie sich die Frauen ihre innere Haut einmal im Monat abstreifen und sich dadurch »erneuern«.

Die erste Zyklusphase

Der ganze Zyklus dreht sich um die Eireifung und um eine mögliche Befruchtung. Gesteuert wird das Ganze in der ersten Hälfte des Zyklus von einem Hormon. Es sorgt dafür, daß in einem Eierstock mehrere der vielen unreifen **Eibläschen (Follikel)** wachsen. Des-

In der ersten Zyklusphase reift ein Eibläschen heran, das in der Zyklusmitte platzt. Das Ei wird freigesetzt, während sich die Eihülle zum Gelbkörper entwickelt, der die Gebärmutterschleimhaut verändert.

26 27 28 | 1 2 3 4 | 5 6 | 7 8 9 10 11 12 13 14 15 16 17 18 19 20 21 22 23 24 25 26 27 28 | 1 2 3 4 | 5 6 | 7 8 9 10 11 12 13

halb heißt das Hormon **FSH (Follikelstimulierendes Hormon)**. Meistens wird von den Eibläschen nur eines reif; das ist dann die **Eizelle.** Gleichzeitig steigt auch die Produktion eines anderen Hormons, des **Östrogens**. Es sorgt für den Aufbau der Gebärmutterschleimhaut, damit sich dort eventuell eine befruchtete Eizelle einnisten kann.

Frauen spüren ein Ziehen im Unterleib, wenn es Zeit für den **Eisprung** (der auch **Ovulation** heißt) ist. Nach dem Eisprung ist das Ei für eine Zeit von sechs bis zwölf Stunden befruchtungsfähig. Aber Achtung: Der Eisprung ist – wie der Zyklus auch – nicht absolut regelmäßig, also nicht immer an einem bestimmten Tag. Wenn man versuchte, nach Gefühl den Zeit-

Unser Zyklus ist ein kompliziertes System. Die meisten haben auch keinen »Normzyklus« von 28 Tagen, sondern Phasen von weniger oder mehr Tagen – die von Monat zu Monat wiederum ein bißchen unterschiedlich sein können.

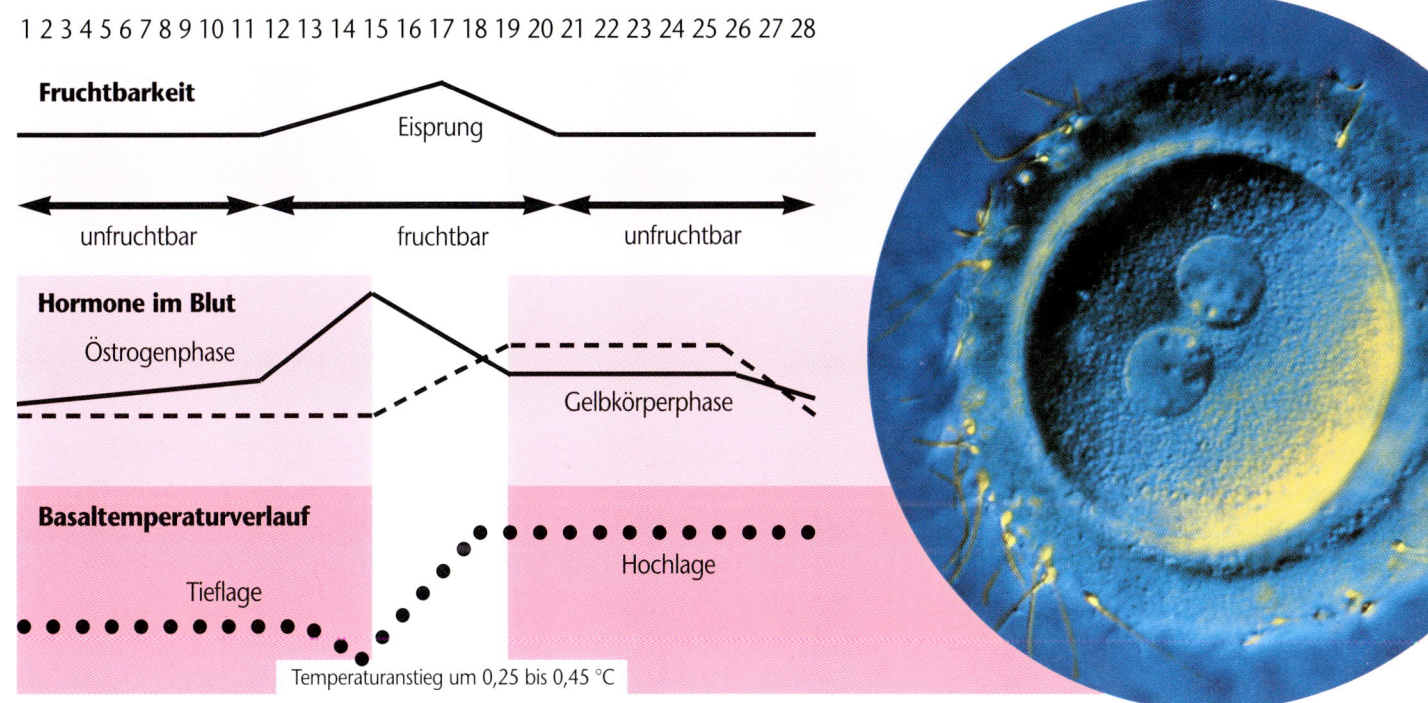

1 2 3 4 5 6 7 8 9 10 11 12 13 14 15 16 17 18 19 20 21 22 23 24 25 26 27 28

Fruchtbarkeit

Eisprung

unfruchtbar   fruchtbar   unfruchtbar

Hormone im Blut

Östrogenphase

Gelbkörperphase

Basaltemperaturverlauf

Hochlage

Tieflage

Temperaturanstieg um 0,25 bis 0,45 °C

Der Eisprung

Das reife Ei »springt« aus dem **Eierstock** in den **Eileiter.** Das klingt witzig. So einfach ist es aber nicht: Die gestiegene Menge an Östrogen im Blut »sagt« dem Gehirn, daß nun in der **Hirnanhangsdrüse (Hypophyse)** ein anderes Hormon, das **LH (Luteinisierungshormon)** ausgeschüttet werden soll. Das LH sorgt dafür, daß die reife Eizelle aus ihrer Hülle, dem Eibläschen, herausspringt und in den Eileiter gespült wird. Manche

punkt des Eisprungs zu bestimmen und auf diese Weise Verhütung zu betreiben, wäre das Risiko einer Schwangerschaft viel zu groß (siehe auch 8. Kapitel).

Der zweite Zyklusteil

Die Eizelle braucht etwa vier Tage, um durch den Eileiter in die Gebärmutter zu wandern. Die zurückgebliebene Eihülle verwandelt sich in den sogenannten **Gelbkörper**, der das Gelbkörperhormon **Progesteron** produziert. Es sorgt dafür,

Nur in der fruchtbaren Phase, also in der Zeit vor und nach dem Eisprung, können die Spermien zum Ei gelangen, eindringen und es befruchten.

Bei manchen Völkern ziehen sich die Frauen während ihrer Regel in spezielle Menstruations-häuser oder -hütten zurück. Sie müssen sich nicht um den Alltagstrott kümmern, sondern können sich dort entspannen, sich unterhalten oder meditieren.

daß die Gebärmutterschleimhaut dicker wird und gut durchblutet ist, falls es zu einer Schwangerschaft kommen sollte. Wenn nicht, sinkt der Hormonspiegel, und die Schleimhaut beginnt sich zu lösen. Die Menstruation beginnt.

sen zu haben. In ihrem Buch »Die weise Wunde Menstruation« beschreiben die Autoren Penelope Shuttle und Peter Redgrove den »Teufelskreis«, der entsteht, wenn Menstruation nicht als gleichwertiger Teil des Zyklus erlebt wird: »Ich bin unberührbar, und deswe-

Blut ist ein besonderer Saft. Die Menstruation wurde seit alters positiv und negativ gesehen: lebenspendend und bedrohlich.

Teufelskreis oder spannende Abwechslung?

LOLA LUNA hat schon erzählt, wie in den verschiedenen Kulturen die Menstruation gesehen wird. Oft erscheint sie als abstoßend, während der Eisprung, also die Möglichkeit einer Schwangerschaft, etwas ganz Tolles ist. Deshalb sind viele Frauen auch betrübt, wenn sie in die Wechseljahre kommen. Dabei könnten sie doch auch froh sein, sich nicht mehr um die Verhütung kümmern zu müssen und mehr Zeit für ihre Interes-

gen fühle ich mich entsetzlich; darum bin ich unausstehlich.«

Und so weiter, und so weiter. Dabei könnte sich jede Frau und jedes Mädchen auch sagen: In der Zeit des Eisprungs geht es für mich darum zu spüren, daß ich – wenn ich will – ein Kind bekommen könnte. In der Zeit der Menstruation kann ich dagegen mehr auf mich selbst, auf meine Pläne, mein Handeln, meine Ideen, Träume und Phantasien konzentriert sein. So gesehen, wäre der Zyklus eine spannende Abwechslung: Monat für Monat.

PHANTASIEREISE IN ROT

ROT WIE BLUT – WELCHE BILDER KOMMEN EINEM DA IN DEN KOPF?
UNFALL, SCHMERZEN, AUFGESCHLAGENE KNIE BEIM ROLLSCHUHFAHREN?
JA – ABER: BLUT IST AUCH »LEBENSSAFT«, UNERSETZLICH UND KOSTBAR.
DESHALB LOHNT ES SICH, EINMAL DIE AUGEN ZU SCHLIESSEN UND
ANDERE BILDER ZU SUCHEN: DAS ROT KOSTBARER ROSENZÜCHTUNGEN,
DIE BLUTROTEN LIPPEN DER FILMSTARS, DAS PURPURROT
KÖNIGLICHER ROBEN ...

3. Lippenstift und Lederjacke

FRAU WERDEN – ODER LIEBER DOCH NICHT?

LOLA LUNA: Traurig und alleingelassen machte sich das häßliche Entlein auf den Weg, nachdem es von allen ausgestoßen worden war, weil es anders aussah als die anderen. Unterwegs wurde es noch von so manchen angefeindet, bis es auf drei weiße Vögel von unglaublicher Schönheit traf, die auf einem blauen See schwammen. Demütig senkte das Entlein den Kopf, um erwartungsgemäß auch von ihnen Hiebe zu empfangen. Doch da sah es sein Spiegelbild im Wasser und erkannte, daß es den schönen weißen Vögeln glich. Die Schwäne empfingen das vermeintlich häßliche Entlein und hießen es willkommen. (nach einem Märchen von Hans Christian Andersen)

Alle reden vom Frausein oder Frauwerden. Aber was ist das überhaupt? Ohne vorher anzuklopfen, schleichen sich ganz neue Gefühle und Beobachtungen ein: Wie jemand aussieht, wird auf einmal von elementarer Wichtigkeit. Oder wie ein Mädchen findet, daß sie aussieht.

»Dann fängt das auch so an, daß man sich fragt: ›Bin ich hübsch, bin ich häßlich?‹ – wenn man in den Spiegel guckt. Man kriegt Pickel.«
(Eva, 19)

Spieglein, Spieglein ...

Irgendeinen Makel entdecken viele an sich: Der Busen ist zu klein, der Po zu dick, die Haare zu glatt, die Beine zu kurz, die Ohren stehen ab – oder eben diese verdammten Pickel. Wie soll man die nur wegkriegen? Alles andere

Die Haut spielt in der Pubertät manchmal »verrückt«. Bis sie sich an die Hormonumstellung gewöhnt hat, produziert sie zuviel Talg, der die Poren verstopft.

läßt sich ja vielleicht noch kaschieren, aber das Gesicht ist allen Blicken schutzlos ausgeliefert. Und immer gerade dann, wenn ein Mädchen ausgehen will, wenn es aufs Aussehen ankommt, genau dann sprießen diese Mistpickel wieder besonders üppig.

N och schlimmer wird es, wenn die anderen einen mit diesen »neuen Gebrechen« auch noch aufziehen.

Die Selbstzweifel können uferlos werden. Die Sicherheit und Selbstverständlichkeit, mit der

ein Mädchen bislang einfach existierte und lebte, sind plötzlich wie vom Erdboden verschwunden. Simone de Beauvoir beispielsweise stürzte die Unsicherheit über ihr Äußeres nahezu in eine Existenzkrise. Voller Verzweiflung fragte sie ihre wichtigste Vertrauensperson,

ihre Schwester Hélène: »Bin ich häßlich? Wird mich je ein Mann wollen?« Hélène, die hübsch und blond war und deren eigene Freundschaften und Zusammenkünfte mit Jungen ihres Alters frei von diesen quälenden Selbstzweifeln schienen, verstand Simones Sorgen und Ängste nicht.

Nichts paßt mehr

Was manche Mädchen zur Verzweiflung bringt, ist das Gefühl, zu dick zu sein. Hinzu kommt die Vorstellung: Alle anderen

Freundinnen fangen an, sich völlig unterschiedlich zu entwickeln. Jede wird ganz individuell und einmalig – glücklicherweise. Eine Welt voller Supermodels wäre fürchterlich langweilig.

sind schöner als ich. Das häßliche Entlein ist noch gar nichts gegen mich. Neidisch guckt man auf die Klassenstars, die immer toll aussehen und ein makelloses Gesicht haben. Sie tragen die angesagten Klamotten und haben mit Pickeln anscheinend keine Probleme.

36

Verrückt oder?

An sich selbst hat ein Mädchen meist was zu meckern, auch wenn andere ihr sagen, daß sie gut aussieht.

Vergleiche sind schief

Wenn ein Mädchen schon mal beim Vergleichen ist, dann geht es nicht nur um das Äußere. Nein, mit Schönheit verbindet sich quasi das ganze Glück dieser Erde, und die Schlußfolgerung liegt nahe: Wer gut aussieht, kriegt einen Freund. Wer einen Freund kriegt (oder auch mehrere), wird von den anderen anerkannt, bekommt die erhoffte Zärtlichkeit. Und wer Zärtlichkeit und Anerkennung bekommt, ist auch nicht mehr einsam.

Schönheit scheint der Glücklichmacher schlechthin zu sein: Wenn ich so aussähe wie Madonna, dann hätte ich keine Probleme. Von wegen! Auch die Models in Zeitschriften kennen Akne, Einsamkeit, Selbstzweifel...

Und vor allem: Auch Mädchen ohne Idealgewicht können sehr schön sein. Im Altertum galten die drei Grazien, die drei Töchter des griechischen Göttervaters Zeus, als besonders anmutig. Diese Damen waren für heutige Verhältnisse allerdings ziemlich beleibt. Auch der Maler Peter Paul Rubens schwärmte für die »sinnliche Pracht des Leibes« bei Frauen; er galt als Meister der Darstellung von Schönheit und Körperbetonung. Also: Auch Schönheitsideale wandeln sich. Es kommt immer auf den Blickwinkel an – und auf die Ausstrahlung, die jemand hat.

37

**Gut für die Haut:
viel trinken, Vitamine,
gute Durchblutung und
ausreichend Schlaf.**

Schönheit ist nicht alles

Fee und Jana wissen, daß die Schlußfolgerung »Wer schön ist, wird geliebt« doch einen Haken haben könnte:

»Die Aikin, die ist auch sehr hübsch, die raucht auch und kifft. Die war mal 'ne Zeitlang mein Vorbild. Die hat sich viel getraut, und ich hab' mich anfangs nichts getraut. Die ist hübsch und tanzt toll, aber die meisten Jungs gehen nur wegen ihrem Aussehen mit ihr.« (Fee, 13)

Natürlich ist ein Mädchen davon abhängig, wie andere sie finden und ob die anderen sie so aner-

Der italienische Maler Botticelli malte sein Schönheitsideal um 1482.

kennen, wie sie ist. Da helfen auch die drei Grazien nicht weiter. Aber gerade in der Aufbruch- und Umbruchphase, in der erst einmal der Boden unter den Füßen wackelt und die Alleinherrschaft der Eltern bröckelt, wird die Anerkennung von außen, von Klassenkameradin-

nen und -kameraden, von Freundinnen und Freunden enorm wichtig. Wie die Eltern ihr Leben meistern, das kann und will ein Mädchen nicht unbedingt nachmachen. Sie möchte lieber wie die große Cousine oder die tolle Klassenkameradin oder die hübsche Hauptdarstellerin aus dem Film »My Girl« sein, den sie sich schon fünfmal angeschaut hat.

Was die andern denken und sagen, das ist einem nun mal nicht egal, und wenn man hört: »Du hast aber einen schönen Rock an« oder »Super, das Kleid steht Dir echt gut, woher hast Du das?«, das geht runter, klar, das wird auch immer so bleiben.

Absolute Fashion-Victims?
Als Paradiesvogel hat man leider ganz schlechte Karten, oder man muß ein unumstößliches Selbstbewußtsein haben. Aber woher nehmen, vielleicht auch stehlen?

Schminke und Co.

Der Wunsch nach Verschönerung oder einfach nur die Lust an der Verwandlung treibt einen auch manchmal in die Schminkabteilung der Kaufhäuser: Zu Hause, mit einer Freundin, wird dann schon mal rumprobiert: Wie kommt denn so ein bißchen Wimperntusche und Lidschatten oder Nagellack? Die Beauty-Tips und Styling-Vorschläge aus den Mädchenzeitschriften zeigen ja, wie es geht. Oft endet das allerdings in einer Lachnummer, weil man hinterher doch nicht so perfekt aussieht wie die Models, sondern eher einem Zirkuspferd gleicht. Wer in der Schule mit knallrosa Lippenstift wahrscheinlich schräg angeguckt würde, kann ja vielleicht erst einmal am Wochenende einen kleinen Test auf einer Party machen.

Die anfängliche Verunsicherung liegt daran, daß ein Mädchen sich erst eine Meinung bilden muß zu den ganzen Neuerungen und Veränderungen, die gerade stattfinden. Das braucht Zeit; deshalb liegt es nahe, sich zunächst an den anderen zu orientieren.

LOLA LUNA:

»Kosmetik«, das klingt ein bißchen wie Kosmos. Und tatsächlich bedeutet das griechische Wort »kosmetikos«, ein Gefühl für Harmonie und Ordnung zu haben. Es bezeichnet aber auch jemanden, der oder die gut schmücken kann: den eigenen Körper zum Beispiel. Kosmetika haben Frauen schon immer gehabt. Früher kamen sie aus der Natur – etwa ockerfarbene oder feuerrote Erde.

»Manchmal guck' ich in den Spiegel und denke: ›Oh Gott, wie seh' ich denn aus?‹ Aber manchmal find' ich mich dann hübsch.« (Jana, 13)

Das neue Sich-Schmücken und die Aufmerksamkeit für Kleidung und Aussehen sind ja auch ein Ausprobieren: Wie ist das denn, wenn diejenigen, die man mag oder deren Urteil einem wichtig ist, wenn die einen toll, attraktiv und begehrenswert finden. Wie muß man da sein? Das muß ausgetestet werden, um hinterher vielleicht ein bißchen gelassener mit allem umgehen zu können.

Eine kleine Phantasie-übung: Was findest Du an anderen Mädchen und Frauen toll, was findest Du bei Dir selbst gut? Sind die anderen alle Idealfrauen? Was ist äußerlich schön? Und welches Verhalten ist gut?

SICH SELBST GUT FINDEN

Die Großmutter einer Freundin von mir sagte immer: »In Deiner Haut bist Du die Schönste.« Und diese Großmutter war eine stämmige Frau. Sie hatte ein runzliges Gesicht. »Doch wir mochten sie sehr gern«, sagte meine Freundin.

Sich selbst gut finden, das ist ein Kapitel für sich. Die äußere Aufmachung – Schminke, Klamotten, Frisur – ist ja nur die äußere Hülle, das, womit man Eigenschaften des Körpers sozusagen korrigieren will. Wer sich zu blaß findet, kann Rouge auflegen, wer sich für zu klein hält, hohe Schuhe anziehen, wer sich zu dick findet, kann versuchen, es mit weiten Klamotten zu kaschieren oder irgendeine blödsinnige Diät anfangen. So richtig handfeste Tips, die auch wirklich helfen, gibt's allerdings wenige; denn das meiste hat doch eher mit der eigenen Sichtweise zu tun. Unsere Erfahrung in diesen Dingen:

Kosmetik hilft verändern. Mädchen können einfach mal ausprobieren, wie sie sich gefallen. Ganz umkrempeln kann man seinen Typ meistens nicht.

Pickel

Es ist besser, zu seinen Pickeln zu stehen, als sie auszudrücken. Gerade wenn sie noch unreif sind, entzünden sie sich sehr leicht, und dann wird alles noch viel schlimmer.

Wenn sich nur ab und zu so ein Ungeheuer mitten auf der Nase oder am Kinn breit macht, ist es wichtig, die Haut abends mit viel lauwarmem Wasser gründlich zu reinigen und sie gegebenenfalls mit einem Wässerchen – wir wollen ja keine Namen nennen – abzutupfen. Glücklicherweise sind Pickel in der Regel wirklich nur eine Übergangserscheinung, die nach der hormonellen Umstellung verschwinden.

Was tun bei Akne?

Wenn das ganze Gesicht mit Akne übersät ist, dann hilft einem auf jeden Fall ein Hautarzt oder eine Hautärztin weiter.

Körperpflege

Früher hat man geglaubt, die Menstruation sei etwas Unreines, und man müsse, wenn man seine Tage hat, die Geschlechtsorgane besonders gut waschen oder sogar Scheidenspülungen machen. Das ist absoluter Unsinn. Erstens ist die monatliche Blutung eine natürliche, reine Sache. Zweitens genügt es

völlig, wenn ein Mädchen regelmäßig duscht.

Kosmetik/Schmuck

Was ein Mädchen sich für Farben und Formen ins Gesicht malt – da sind der Phantasie keine Grenzen gesetzt. Wichtig ist, daß man den Kram bei Bedarf wieder abkriegt und keinerlei Narben zurückbleiben. Also: Wer auf Ohrringe, Piercing, Tätowierungen ... steht, geht besser zu jemandem, der professionell Löcher in Ohren, Nasen oder sonstwohin sticht.

Ernährung

Diäten helfen weder dem Körper noch der Seele. Klar: Ein »Big Mac« mit Cola oder Sahnetörtchen mit Gummibärchen sind nicht gerade die Gesundheitshämmer. Es ist immer gut, wenn ein Mädchen ausgewogen ißt, also von allem etwas. Noch besser ist es, sich fettarm und vitaminreich zu ernähren. Zu den absoluten Spitzenreiterinnen gehört ein Mädchen schon, wenn sie dazu noch viel Getreide, zum Beispiel in Form eines Müslis, verputzt. Es gibt einfach einen Zusammenhang zwischen gesunder Ernährung und Gewichtsproblemen.

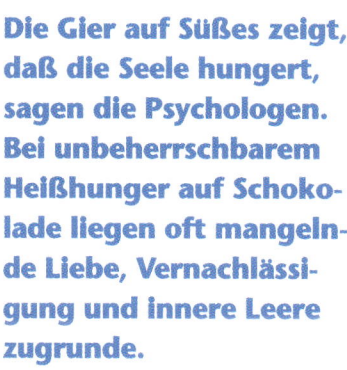

Die Gier auf Süßes zeigt, daß die Seele hungert, sagen die Psychologen. Bei unbeherrschbarem Heißhunger auf Schokolade liegen oft mangelnde Liebe, Vernachlässigung und innere Leere zugrunde.

Regelmäßig und ballaststoffreich zu essen ist die beste Methode gegen Unter- oder Übergewicht.

Als Kinder waren Mädchen noch viel beweglicher und hatten einen unbezähmbaren Bewegungsdrang. Jetzt, wenn im Körper soviel vor sich geht, werden manche Mädchen schlapper. Regelmäßige Bewegung kann genau das richtige sein, sich fit zu machen und den Kreislauf in Schwung zu bringen.

Sport

»Sport ist Mord« – eine gängige Redensart und Ansichtssache zugleich. Wer seinen Körper lieber straffer und gut durchblutet mag, der kann es mit ein bißchen Bewegung versuchen: Am besten eignen sich da Sportarten, bei denen der ganze Körper arbeiten muß, also Schwimmen, Fahrradfahren, Wandern, Tanzen und fernöstliche Kampfsportarten. Das sind gleichzeitig auch gute Maßnahmen gegen Übergewicht und körperliche Schlaffheit.

Alkohol/Zigaretten

Wer nicht aus irgendwelchen Gründen schon eine Abneigung gegen Zigaretten und Alkohol entwickelt hat, will beides bestimmt probieren. Schließlich handelt es sich um Erwachsenendrogen, und in die Welt der Erwachsenen soll es ja jetzt gehen. Zigaretten rauchen die andern vielleicht auch und der Typ, den ein Mädchen eventuell gut findet, sowieso. Außerdem

kann sie sich ja immer mal eine anstecken, wenn sie aufgeregt ist oder unsicher. Mit Alkohol ist es genauso. Bei Alkohol und Zigaretten kann man nur sagen: in Maßen. Ab und zu eine Zigarette oder ein Glas Bier – das ist in Ordnung. Ein Vollrausch dagegen kann schon ziemlich heftig sein, und für die Haut – und generell für die Gesundheit – sind sowohl Zigaretten als auch Alkohol natürlich pures Gift (siehe auch 9. Kapitel).

Auf »Tuchfühlung« mit dem eigenen Körper

Das, worum es eigenlich geht, ist der Körper selbst, der sich verändert und auf den ein Mädchen aufmerksam wird. Wie soll sie zunächst eine gute Beziehung zu ihm bekommen? Es ist natürlich nicht erst seit gestern so, daß der Körper erregbar ist und es ein schönes, lustvolles Gefühl ist, in den Turnstunden auf dem Pferd herumzurutschen oder auf einem Baumstamm oder auf der Sofalehne. In der Pubertät verbinden sich aber auch erotische Phantasien damit – Träume vom Traumtypen aus der Klasse drüber. Und in dieser Zeit verändert sich eben auch der Körper. Um sich mit diesen Veränderungen vertraut zu machen, kann man den Körper vielleicht mal mit den Händen oder mit einem Spiegel erforschen.

»Körper entdecken – ich weiß nicht, was die alle so erzählen von entdecken, stundenlang vor dem Spiegel stehen – mach' ich nie.«
(Fee, 13)

Den Körper kennen- und liebenlernen ist gar nicht so einfach. Sei es, daß es ein Mädchen tatsächlich nicht interessiert, wie der eigene Körper aussieht. Oder weil sie sich einfach nicht traut, ihren Körper anzugucken oder anzufassen. Zumal immer noch die wildesten Gerüchte kursieren, was dabei angeblich passieren kann. Ein absolutes Ammenmärchen: Das Berühren der Brust verursache Brustkrebs.

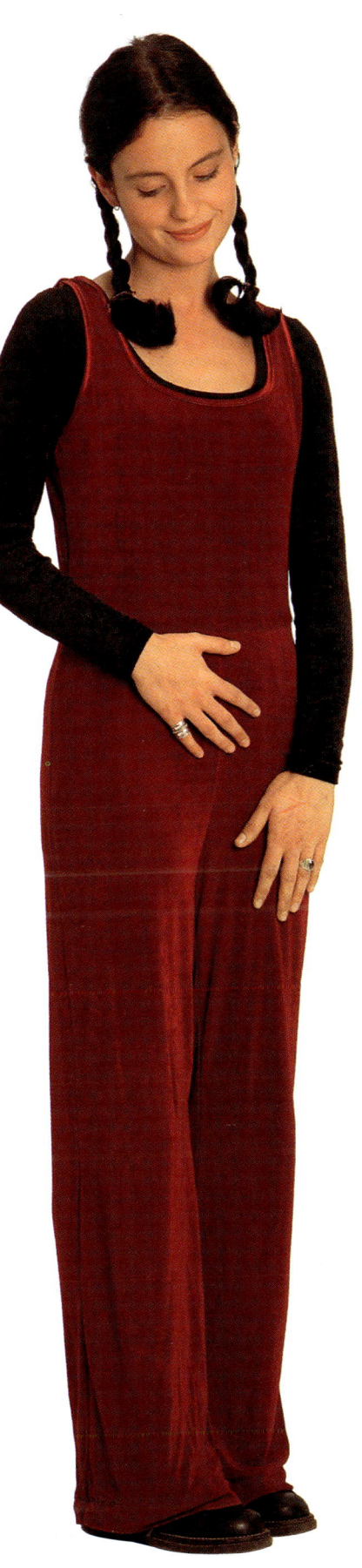

Zu dick, zu dünn, zu klein, zu groß? Das ist nicht der Punkt! Die Schönheitsideale haben sich zu oft und zu schnell gewandelt. Jede, die sich in ihrem Körper wohlfühlt und ihn kennt, kann den Kampf mit der Welt aufnehmen.

Der Körper ist während der Pubertät teilweise großen Veränderungen unterworfen. Es ist gut, wenn Mädchen mit ihrem Körper auf Du und Du stehen.

43

FRAUEN SIND SCHÖN

Viele Frauen sind aufgrund eines blödsinnigen Frauenbildes der Meinung, sie seien nicht schön – und ihre Geschlechtsorgane schon gar nicht. Das ist allerdings eine ganz faule Ansicht. Manche Ängste dem eigenen Körper gegenüber kommen auch daher, daß Mädchen nur ein unvollständiges, ungenaues Bild davon haben, wie sie eigentlich »da unten« aussehen. Am besten ist es, sich selbst davon zu überzeugen, daß die Scheide nicht schmutzig ist und daß die weiblichen Geschlechtsorgane empfindsam, geheimnisvoll und schön sind.

Es ist für niemanden – weder für Mädchen noch für Jungen – einfach, den eigenen Weg in Sachen Sex zu gehen. Die Vertrautheit mit dem eigenen Körper hilft allerdings schon viel.

Die Brüste

Die Brustwarze sitzt inmitten des sogenannten **Warzenhofes** (lateinisch: **Areola**), der wiederum in der Mitte der Brust. Berührt man sie, ist das – je nach Stimmung – kitzelnd und erregend, und die Brust verändert sich: Die kleinen Muskeln um die Brustwarze ziehen sich zusammen, so daß sie sich aufrichtet. Bei Kälte passiert das übrigens auch.

Der Venushügel

Wenn man die Beine leicht öffnet, trifft man zuerst auf eine leichte Wölbung, den Venushügel – so genannt nach der römischen Liebesgöttin Venus. Er heißt auch **Schamberg** oder **Schamhügel**, hat unter der Haut ein verstärktes Fettpolster und ist schön weich.

Ein gutes Verhältnis zu sich selbst zu haben, heißt auch, eine sexuelle Beziehung zu sich zu haben.

Die Schamlippen

Der Venushügel geht in die äußeren Schamlippen über. Darunter liegen die sehr feinen und empfindsamen inneren Schamlippen.

Der Kitzler (Klitoris)

Die »Perle« kann man direkt an der Stelle fühlen und sehen, an der die Schamlippen oben zusammenkommen. Hier liegt sie schön zwischen äußeren und inneren Schamlippen eingebettet.

Die Harnröhrenöffnung

Die Harnröhrenöffnung liegt gleich unter dem Kitzler. Sie ist auch sehr gut tastbar und ebenfalls sehr empfindlich.

Das Jungfernhäutchen (Hymen)

Das Hymen liegt über der Scheide und hat in der Mitte eine dehnbare Öffnung. Durch diese kann das Menstruationsblut abfließen. Es paßt auch ein Tampon oder ein Finger durch.

»Bevor ich meinen ersten Freund hatte, hab' ich gemerkt, mir gefällt das, wenn ich mich selbst anfasse, obwohl ich irgendwie im Kopf hatte, das tut man nicht. Das war, als ich einen Busen gekriegt und gemerkt hab', man bekommt Hüften.« (Eva, 19)

Die Scheide (Vagina) und der Gebärmutterhals (Zervix)

Wenn man einen Finger in die Öffnung des Jungfernhäutchens einführt, kann man manchmal ganz gut fühlen, wie tief die Scheide ist und wie das untere Ende der Gebärmutter in sie hineinragt.

SICH SELBST STREICHELN

Sich selbst anfassen und dabei Lust verspüren, sich selbst befriedigen, ist immer noch häufig mit Schuldgefühlen verbunden. Die Aufforderung der Eltern, im Bett auf jeden Fall die Hände über die Bettdecke zu legen, ist jedoch seltener geworden. Auch andere gemeine Drohungen – daß man von Selbstbefriedigung frigide (gefühlskalt) wird oder daß das Rückenmark geschädigt wird – sind heute ebenfalls verschwunden. Dennoch wird irgendwie vermittelt: Da faßt sich ein Mädchen nicht an und wenn, dann nur zu Reinigungszwecken. Vielleicht sind die Eltern einfach nur besonders schweigsam oder verlegen, wenn sie mitbekommen, daß ihre Tochter sich selbst an den Geschlechtsorganen berührt. Dabei ist es wirklich die normalste Sache auf der Welt – und auch eine sehr schöne Sache. Schließlich muß ein Mädchen sich doch wirklich fragen: Wieso soll irgendwann mal ein anderer Mensch diese intimen, empfindlichen, persönlichsten Stellen des Körpers berühren – nur sie selbst nicht? Das wäre doch Unsinn.

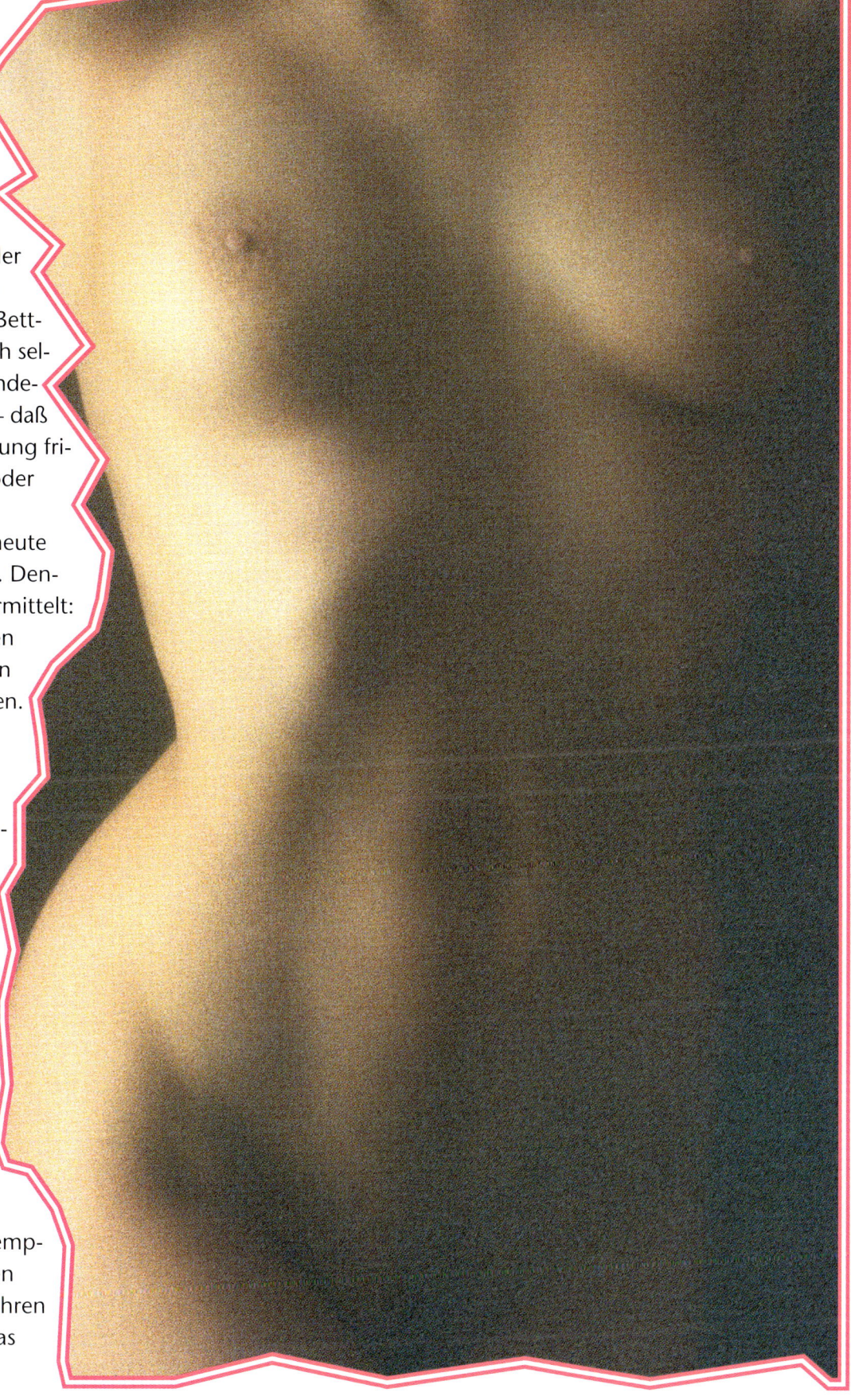

45

Keine Angst vor dem Genuß

Sich selbst berühren kann ein richtiger Genuß sein. Einfach mal so, eher schnell. Doch es kann auch um viel mehr gehen als nur um Dampfablassen oder Spannungsentladung.

Mädchen können dabei erfahren, wie erregbar der Körper ist, was schön ist, was sie toll finden. Sie selbst sind die ersten, die das wissen sollten. Wenn ein Mädchen entdeckt, wie erregbar der Körper ist, wie empfindsam und wie aufregend, ist das vielleicht auch die Chance, den eigenen Körper als lustspendend und liebenswert zu erfahren – neu zu erfahren. Selbstbefriedigung und auch die Phantasien, die Mädchen dabei haben, sind ein idealer Weg herauszufinden, wie sie

Selbstbefriedigung ist keineswegs ein »Ersatz« für den Sex zu zweit, sondern eine mögliche lustvolle Variante von Sexualität. Hinzu kommt: Mädchen lernen dabei, was ihnen Spaß macht und wie ihre sexuellen Reaktionen sind. Das können sie später dann ihrem Partner oder ihrer Partnerin leichter vermitteln.

kommen von außen, von der irrigen Ansicht: Das tut man nicht. Tatsächlich hat Selbstbefriedigung in keiner Weise negative Konsequenzen, im Gegenteil, nur positive: Mädchen lernen ihren Körper kennen und schätzen. Es ist gut zu wissen: Um sexuelle Befriedigung zu haben, brauche ich niemanden. Wenn ich mit jemandem zusammen Lust haben will, dann nur aus freien Stücken und nicht aus irgendeinem Zwang heraus.

LOLA LUNA: Selbstbefriedigung heißt auch Masturbation oder Onanie, obwohl die Bibelgeschichte von Onan eigentlich ganz anders gemeint ist: Dieser Mann hat angeblich – wenn er mit seiner Frau schlief – seinen Samen »auf die Erde fallen« lassen. Was Onan da tat, bezeichnet man als »Koitus Interruptus« – eine nicht sehr sichere Art der Verhütung. Mit Selbstbefriedigung hat das nichts zu tun.

sich Sexualität mit einem Partner oder einer Partnerin vorstellen und wünschen.

Schuldgefühle, die ein Mädchen in bezug auf Selbstbefriedigung hat,

Sich selbst, seinen eigenen Körper, seinen Po, seine Hüften, seine Nase, seine Haare, all das schön zu finden, ist gar nicht so einfach. Wenn die 13jährige Jana manchmal in den Spiegel schaut und sich dann hübsch findet, ist das schon ein großer Fortschritt. Vielleicht können Mädchen einfach mal öfter in den Spiegel schauen oder, wie das häßliche Entlein, ihr Spiegelbild im Wasser betrachten ...

TYPENWAHL

IM FASCHING KANN JEDES MÄDCHEN UND JEDE FRAU IN ROLLEN
SCHLÜPFEN, VON DENEN SIE IM ALLTAG NUR TRÄUMT: MÄNNER-
SAMMELNDER VAMPIR, RAUSCHGOLDENGEL ODER GEHEIMNISVOL-
LE LADY IM ANZUG. DOCH NICHT IMMER IST KARNEVAL. SPAN-
NEND KANN ES AUCH SEIN, BILDER VERSCHIEDENER FRAUENTYPEN
ZU SAMMELN ODER AN DIE WAND ZU PINNEN — UND SICH GELE-
GENTLICH ZU FRAGEN: WEM MÖCHTE ICH HEUTE GERNE ÄHNELN?
WIE WILL ICH SEIN? COOL WIE DIE EISKALTE GANGSTERIN, VER-
SPIELT WIE DAS HIPPIE-MÄDCHEN AUS DEN SIEBZIGER JAHREN
ODER ROMANTISCH WIE DIE SCHAUSPIELERIN IN SCHWARZWEISS?

Schmetterlinge
4. im Bauch

DAS DURCHEINANDER DER GEFÜHLE

Das ganz besondere Kribbeln

»Den ersten Kuß stell' ich mir schön vor. Ich denk', daß einem dann Schmetterlinge im Bauch fliegen, aber ich weiß nicht so genau ... Aber es kann nur richtig schön sein, wenn man den richtig liebt – und der Dich.« (Jana, 13)

Vielleicht bleibt einem auch die Luft weg oder das Herz stehen oder so ähnlich. Jedenfalls muß es wahnsinnig aufregend sein – und richtige Liebe. Dann gibt's nur einen, der ist es. Sonst gibt's keinen mehr, und es wird auch keinen mehr geben. Da bleibt die Welt stehen ... und wenn sie nicht gestorben sind ... der junge Prinz, der schönste aller Männer, führt die junge Prinzessin zum Tanz, zum Altar und in sein Schloß. Jedenfalls im Märchen ist das so. In der Realität würde es ja schon reichen, mit ihm ins Kino zu gehen, auf Parties oder in den Park – einfach mit ihm zusammen zu sein ...

Aber zunächst einmal muß er ja kommen, der Prinz, oder wenigstens in Sicht sein, und das ist gar nicht so einfach. Gute gibt's viele, aber so richtig Gute ...

»Ich hatte eigentlich noch keinen Freund. Ich war auch mal 'ne Zeitlang in den Patrick ..., dann hab' ich den so kennengelernt, dann war der wie ein Freund, dann konnt' ich den nicht mehr lieben ... Ich weiß nicht, in Timo war ich, glaub' ich, auch nicht richtig, den fand' ich, glaub' ich, nur süß ... Einen fand ich mal in der Grundschule gut, dann hat der mich geliebt, dann fand ich den ekelhaft, aber ich glaub' nicht, daß das dann echte Liebe war.« (Jana, 13)
»Ja, das kenn' ich ziemlich gut.« (Fee, 13)

LOLA LUNA:
Die alten Griechen hatten es gut. Wenn es Probleme in der Liebe gab, der Jüngling oder das Mädchen ihres Herzens ihre Gefühle nicht erwiderte, konnten sie wenigstens ihre Liebesgöttin Aphrodite um Hilfe anflehen. Eine sichere Sache war das allerdings nicht. Die Dame galt als launisch. Nur wer Glück hatte und in ihrer Gunst stand, dessen Liebeswünsche wurden erhört.

»Meinen ersten Kuß hab' ich im Urlaub gekriegt, das war nicht so toll. Man verspricht sich viel davon, aber dann ist es nicht so.« (Fee, 13)

Gegen Schüchternheit gibt es nur ein Heilmittel – einfach mal den ersten Schritt zu machen. Mehr als schiefgehen kann es nicht. Übrigens: Die allermeisten Jungen finden es völlig in Ordnung, wenn Mädchen die Initiative ergreifen.

Na ja, da gäbe es vielleicht schon einen, aber den finden sie alle gut, keine Chance. Und ob der sich überhaupt für einen interessiert? Aber der ist es. Wenn der auf dem Schulhof auftaucht, da kann einem schon das Herz in die Hose rutschen, so wie der aussieht, total süß mit seinen braunen Augen und dunklen Löckchen, und er guckt auch schon mal rüber ... Aber wie soll ein Mädchen es anstellen, an so einen ranzukommen, ohne gleich im Erdboden zu versinken oder sich total zu blamieren?

Klar, die praktischen Tips werden alle minutiös befolgt: Extra den Bus abpassen, den er nimmt. Sich auf dem Schulhof immer unauffällig in seine Nähe begeben. Aber das geht jetzt schon seit einem halben Jahr so, irgendwann muß ein Wunder passieren ...

nicht klappt, klappt's beim nächstenmal. Kopf hoch! Auch Jungen sind schüchtern.

Küssen, wie geht das?

»Ich wollte keinen Zungenkuß machen, fand ich erst widerlich, die Sabber da drum herum, dann fand ich es doch gut. Ich find' normal küssen immer noch schöner als Zungenkuß.« (Johanna, 15)

Die Gefühle sind sehr unterschiedlich, genau wie die Erlebnisse. Es ist alles möglich – vom »auf Wolken schweben« bis zur totalen Ernüchterung. Vielleicht gehört wirklich Liebe dazu oder jedenfalls der feste

Mal supertoll, mal enttäuschend – Küsse schmecken unterschiedlich. Auch Küssen will gelernt sein. Übung schadet nicht.

Warum abwarten? Die Zeiten sind vorbei, in denen Mädchen in der Tanzstunde auf ihrem Platz saßen und warten mußten, bis ein Junge sie aufforderte. Eigeninitiative ist gefragt. Wenn's beim erstenmal

Wunsch: Der soll es sein. Und wie es dann weitergeht? Daran wird kein Gedanke verschwendet. Wie gesagt, die Welt bleibt ja stehen, man ist eben glücklich, für immer und ewig. Oder?

Wenn es aus ist

»Meinen ersten Freund hatte ich in der 5. Klasse ... da hat jemand für ihn bei mir angerufen, ob ich mit ihm gehen wollte. Da hab' ich gesagt, ja, ich würde einen Brief schreiben. Wir hatten nachmittags zusammen Fußball gespielt ... Ich hab' dann geschrieben, daß ich ihn auch nett finde. Wir waren dann sieben Monate zusammen, und dann war Schluß, weil jemand erzählt hat, er wär' in ein anderes Mädchen verliebt ... Danach haben ihn dann direkt andere Mädchen gefragt.« (Fee, 13)

Zack, das war's dann. Aus Liebe, Sehnsucht und Träumen wurden plötzlich ziemliche Schmerzen. Fee mußte das direkt erfahren. Die eigenen Geschlechtsgenossinnen wollten ihr dann eins auswischen, und die waren auch forscher als sie, die haben nicht dagehockt und auf ein Zettelchen gewartet, die haben selbst die Initiative ergriffen. Und es können schreckliche »Pannen« passieren: Dieser Junge verliebt sich ausgerechnet in die beste Freundin. Da hilft nur noch eins: sich verkrümeln, schmollen. So eine Ungerechtigkeit! Da baggert ein Mädchen monatelang, gibt sich Mühe, forscht alles aus und dann das. Und jetzt gibt es nicht mal mehr jemanden, mit dem sie darüber reden könnte. Die Eltern? Nein, bei dem Zoff, der sowieso schon zu Hause herrscht. Der Vater würde sich höchstens noch freuen, der konnte den Kerl sowieso nicht lei-

den. Die Mutter hat vielleicht keine Zeit – oder so wenig hilfreiche Spruche auf Lager wie: »Mach Dir nichts draus, andere Mütter haben auch schöne Söhne.« Das nützt einem jetzt besonders viel.

Trauer, Zorn, Wut, Verzweiflung, Rachegelüste – nach einer Trennung sollte man seine Gefühle nicht unterdrücken. Je mehr man sie zuläßt, desto eher lösen sie sich auf.

Wenn die Liebe vorbei ist... Trennungen treffen uns in unserem Selbstwertgefühl. Die Kränkung kann riesengroß sein; manchmal heilen die Wunden langsam.

Gemeinsam stark: Freundinnen

Freundinnen, die sind jetzt wichtig, die verstehen einen wenigstens. Hier wird ein Mädchen nicht gleich vereinnahmt oder ausgelacht mit seinen Herzenswünschen. Freundinnen geht es genauso, die haben auch ihren Schwarm und ihre Sehnsucht und ihre Enttäuschungen. Sie sind Vertrauenspersonen und Verbündete in dem Dschungel der neuen Entdeckungen, Gefühlsregungen und Beziehungen. Sie halten grundsätzlich erst mal zu einem, und deshalb kann man mit ihnen auch darüber lachen:

»Wenn man Freundinnen erzählt, welche Jungen man gut findet, ist das lustig, wenn die einen so nett aufziehen, wenn sie ihn zum Beispiel gesehen haben ...«
(Johanna, 15)

Natürlich gibt es auch Hindernisse für eine Mädchenfreundschaft: Eine verliebt sich und ist nur noch mit dem Jungen zusammen. Die andere ist eifersüchtig, findet den Typ selbst auch gut, oder aber sie kann ihn nicht ausstehen. Das war es dann erst mal ... Oder beide Mädchen finden einen Weg, darüber zu sprechen, die neue Situation in ihre Freundschaft einzubauen. Das wäre natürlich super.

Die beste Freundin

Klar, es gibt auch Mädchen, mit denen möchte ein Mädchen gern befreundet sein. Die imponieren ihr wegen ihrer Frechheit oder weil sie so gut aussehen. Das kann dann aber auch zu ganz schön schwierigen Freundschaften führen. Ausgeglichener sind natürlich Freundinnen, mit denen ein Mädchen sich wie im selben Boot fühlt. Mit einer solchen Freundin läßt sich auch ausspinnen, was wäre wenn... wenn er jetzt anriefe oder plötzlich in der Tür stünde oder sie ihm auf der Straße begegnen würde. Was soll man dann machen, wie muß ein Mädchen dann auf jeden Fall aussehen, und was darf sie auf keinen Fall sagen? Aber auch – was könnte sie tun? Ihn einfach mal ansprechen, ihn fragen, wie es beim Fußball war, oder ihn zum Eis einladen oder ihn zum Tanzen auffordern... Das alles können Freundinnen besprechen. Aber sie können auch zusammen kichern, wenn der witzige Typ aus der Parallelklasse mit einem aufgeblasenen Kondom Ball spielt oder wenn Thomas und Sabine sich unter der Bank wieder Zettelchen zukommen lassen. Oder sie können sich selbst mit Zettelchen verständigen: »Gehen wir nach der Schule noch ins Café?« – »Hast Du was von Paul gehört?« – »Der Pauker geht mir heute aber wieder ziemlich auf die Nerven mit seinem blöden Gequatsche«.

»Mir ist eine Mädchenfreundschaft fast wichtiger, da hab' ich einen Gesprächspartner. Jungs sind da anders, die reden nicht so viel, die erzählen zum Beispiel nicht, in wen sie verliebt sind oder so.«
(Fee, 13)

Psychologen haben festgestellt, daß es drei »beste Freundinnen« im Leben von Frauen gibt: die Mutter, die Pubertätsfreundin und die Erwachsenenfreundin.

Freundschaften muß man pflegen. Auch in Phasen großer Verliebtheit sollte man sich um die Freundin kümmern. Leider zerbrechen mit dem ersten Freund viele Mädchenfreundschaften – das müßte nicht sein.

Gespräche – von Pickeln bis Petting

Mädchen sind bessere Gesprächspartnerinnen – meistens. Sie verstehen einen besser, das Zusammensein ist locker und lustig, sie gehen Arm in Arm oder Hand in Hand durch die Stadt, da kann ihnen keiner was. So eine Freundin ist super. Freundinnen glucken ständig zusammen, freuen sich auf jedes Treffen, telefonieren laufend, entwickeln füreinander ganz starke Gefühle, sind vielleicht auch ein bißchen verliebt ineinander.

men sein konnte ...« Jedes noch so kurze Treffen war für sie »von unverhältnismäßig großer Bedeutung. Sie war völlig auf diese Freundschaftfixiert, deren Aufrechterhaltung ihr wichtiger war als alles andere.«

FRAU SUCHT FRAU

Zärtliche Gefühle für Mädchen und andere Frauen sind spannend und schön. Sie bieten die Möglichkeit, die neue Rolle als Frau mit erotischen Gefühlen und sexuellen Regungen zu erproben. Vielleicht wird aus dem Prinzen, den ein

In einer Untersuchung sagten nahezu alle Frauen, daß die beste Freundin die wichtigste Person in ihrem Leben sei – einige wollten lieber keinen Partner haben als keine Freundin.

Vielleicht war auch Simone de Beauvoir in ihre Freundin Zaza verliebt. Ihre Biographin berichtet: »Simone nahm alles in Kauf, wenn sie nur mit ihrer Freundin zusam-

Mädchen sich wünscht, auch eine Prinzessin. Vorübergehend, so steht in vielen Büchern zu lesen, gibt es während der Pubertät eine »homosexuelle Phase«, eine Zeit also, in

Ein Herz und eine Seele – die beste Freundin prägt alle späteren Frauenfreundschaften.

53

der Mädchen erotische Empfindungen für Mädchen haben – Jungen für Jungen – und diese möglicherweise auch ausleben.

auch sein, daß sie beide Geschlechter körperlich interessieren, sie sich also bisexuell fühlt und mit Männern und auch mit Frauen schläft.

Die Malerin Frida Kahlo hatte Beziehungen zu Männern und zu Frauen. Ihr Bild »Zwei Akte im Wald« entstand 1939.

Hetero, homo, lesbisch oder bi?

Was »vorübergehend« bedeutet, wird sich erst im Laufe der Zeit herausstellen. Zunächst mal gibt es mehrere Möglichkeiten, wie das Selbstverständnis als Frau später aussehen könnte. Und diese Möglichkeiten stecken in jeder von uns: So kann es sein, daß eine Frau sich nur zu Männern oder nur zu Frauen erotisch hingezogen fühlt, also daß sie entweder heterosexuell oder homosexuell ist. Es kann aber

Lesbisch lebensfroh

Wie nun letztendlich die eigene Entwicklung verläuft, ist sehr unterschiedlich und hängt von vielen verschiedenen Faktoren wie Umwelt, Erziehung und eigener Anschauung ab. Tatsache ist: In Deutschland haben etwa elf Prozent der Frauen die lesbische Lebensform für sich gewählt. Die Anzahl der bisexuellen Frauen liegt im dunkeln.

Für manche Mädchen und Frauen kann die Vorstellung, lesbisch zu sein, etwas Beängstigendes haben, so daß sie solche Gefühle überhaupt nicht zulassen können und sich streng davon abgrenzen müssen. Mit der Freundin schmusen – das ist noch nicht lesbisch. Wer warum lesbisch wird, ist bisher noch ziemlich unklar. Klar ist dagegen: Zum Lesbischsein kann man nicht »verführt« werden. Das ist Unsinn.

»Eine Frau in der Schule, die packt die Leute an, das find' ich komisch, die kommt plötzlich an und umarmt mich, das ist mir unangenehm.«
(Fee, 13)

Vielleicht finden Mädchen es auch ganz normal, Mädchen zu umarmen und zu streicheln. Nur die Umwelt macht sie darauf aufmerksam, daß das nicht sein sollte. Durch Andeutungen, Gespräche oder Kommentare wie »Die ist ja anders rum« wird einem klargemacht: Das ist nicht normal, alle anderen sind anders. In der Klasse wäre ein Mädchen noch mehr ausgegrenzt als vielleicht jetzt schon, und die Eltern würden sicher in Ohnmacht fallen. Mädchen müssen auf Jungen stehen, sonst gehören sie nicht dazu. Außerdem: Eine Frau braucht einen Mann, sonst ist sie ja irgendwie nicht komplett. Solche Annahmen sind natürlich absoluter Unsinn, aber nahezu vorprogrammiert. Sich von solchen Vorurteilen zu befreien, ist nicht leicht.

»So mit 16, 17 hab' ich festgestellt, daß ich Frauen schön fand, und hab' mich dann gefragt, ob ich lesbisch bin. Ich hab' auch mal von einer geträumt, aber das hab' ich nicht erzählt.«
(Eva, 19)

»Es gibt diese Illusion, daß Homosexuelle Sex haben und Heterosexuelle sich verlieben. Das ist komplett falsch. Jeder möchte geliebt werden.«
(Boy George, Popsänger)

Künstler tun sich manchmal leichter. Der Popsänger Boy George hat nie ein Hehl aus seinen Neigungen gemacht.

Ein gutes Feeling für Frauen

Ob ein Mädchen sich nun lesbisch oder bi oder hetero fühlt, entwickelt sich im Laufe der Zeit und hängt auch mit den Erfahrungen zusammen, die sie in der Auseinandersetzung mit ihrer Umwelt macht. Wenn Mädchen oder Frauen glauben, daß sie lesbisch sind, dann schließen sie das häufig daraus, daß sie Liebesgefühle zu anderen Frauen empfinden. Diese Anziehung ist aber nicht gleichbedeutend mit Lesbischsein – denn: Auch viele nicht lesbische Frauen spüren eine starke Zuneigung zu Frauen und fühlen sich zu ihnen hingezogen. Wenn sich Frauen davor nicht verschließen, eröffnet das erst die Möglichkeit einer Entscheidung.

Jetzt haben sie die Wahl, diese besondere Anziehung zu akzeptieren und sich weiterhin mit ihr zu beschäftigen oder dieses Gefühl zu ignorieren.

»Mein Gefühl war, daß ich anders war als die meisten anderen, daß es aber etwas Schönes und Besonderes war, was ich da für mich entdeckt hatte. Ich fühlte mich freier als andere.« (C., 31)

Es gibt Liebesgefühle von Frauen für Frauen, die sich in tiefer Zuneigung und zärtlicher Umarmung ausdrücken, aber sexuelle Beziehungen ausschließen. Es gibt andererseits ein Gefühl von Hingezogensein, das Erotik und Sexualität mit Frauen einschließt.

Coming out

Ein Mädchen entdeckt, daß ihre große Liebe ein anderes Mädchen ist. Was macht sie dann? Klar ist: Lesben sind eine Minderheit in unserer Gesellschaft und haben es deshalb schwerer, anerkannt zu werden. »Coming out« (Herauskommen) nennt sich dieser Prozeß der sexuellen Selbstfindung: Er umfaßt die Zeit, in der ein Mädchen entdeckt, daß sie lesbisch ist, bis zu der Phase, in der sie damit klarkommt und ihr Anderssein für die Außenwelt eingerichtet hat.

Bevor andere ein Mädchen akzeptieren, wie sie ist, muß sie erst einmal sich selbst annehmen. Selbst herausfinden, wie sie sich fühlt, was ihre Wünsche sind und wie sie leben möchte. Es ist oft ein langer Weg, den Lesben und Bisexuelle gehen müssen. Doch für dieses besondere Durcheinander der Gefühle gibt es auch Hilfe bei Beratungsstellen oder Coming-out-Gruppen (siehe Broschüre für Lesben im Adressenverzeichnis).

Entspannen

Im Chaos der Gefühle einmal abzuschalten und zur Ruhe zu kommen, das fällt schwer. Die einen schaffen es, indem sie sich bequem hinlegen und die Augen schliessen. In der Phantasie machen sie einen Spaziergang – mitten im Winter über eine Sommerwiese. Oder sie lassen sich in Gedanken auf den kleinen Wellen eines Sees treiben. Andere erinnern sich an Erlebnisse, die sie hatten, als sie noch ein Kind waren. Und backen sich Pfannkuchen gegen den Frust – das alte Lieblingsessen. Oder kuscheln sich in den immer noch zu grossen Pullover, den sie als zehnjährige Mädchen dem Grossvater abgeluchst haben.

Oder...

5. Is' was, Doc?

BESUCH BEI FRAUENÄRZTIN ODER FRAUENARZT

LOLA LUNA: Früher, im 19. Jahrhundert, vor dem Aufschwung der Gynäkologie, kamen die Frauen vollständig bekleidet zur Untersuchung. In dieser Zeit lag die Frau nicht nackt mit ausgebreiteten Beinen vor dem Arzt, sondern der Gynäkologe – damals waren das in der Hauptsache Männer – kniete vor der stehenden Frau im langen Gewand.

Die wildesten Gerüchte und Vorstellungen kursieren darüber, wie das beim Frauenarzt wohl ist. »Das muß der Horror sein«, denken sich einige Mädchen, vielleicht weil Tanten, Mütter oder Freundinnen der Meinung sind: Lieber zehnmal zum Zahnarzt als einmal zum Frauenarzt. Das kann ja heiter werden – wo es doch schon ein Alptraum ist, zum Zahnarzt zu gehen. Auch wenn ein Mädchen bereits viel gelesen und gehört hat, wie es bei Gynäkologen aussieht und was da alles gemacht wird, kann das Gefühl beängstigend sein: Da kommt einem jemand verdammt nah, näher als irgend jemand sonst – ein völlig Fremder.

> »Wie das beim Frauenarzt aussieht, das weiß ich aus der ›Bravo‹. Ich stell' mir das nicht schön vor. Ich glaub', ich hätte ein ungutes Gefühl irgendwie, daß jemand Fremdes Dich irgendwo anguckt.« (Fee, 13)

Keine Angst vor Ärzten!

Dieser »Horror« muß aber nicht sein. Für manche ist es vielleicht nur aufregend, weil eben neu: Tatsächlich muß eine Frau in der Praxis erst mal gar nichts, sie muß sich auch nicht ganz nackt ausziehen. Wer zum Frauenarzt oder zur Frauenärztin will, kann das aus ganz unterschiedlichen Beweggründen tun: Vielleicht möchte ein Mädchen gern die Pille oder ein anderes Verhütungsmittel nehmen. Möglicherweise hat sie eine Frage, die ihr eine Fachfrau oder ein Fach-

Eine ganz andere Perspektive als heute: gynäkologische Untersuchung im 19. Jahrhundert.

mann beantworten soll. Vielleicht macht sie sich Sorgen, daß ihre Periode noch nicht da ist, obwohl alle anderen sie schon haben. Oder die eine Brust wächst viel schneller als die andere, und das stimmt sie nachdenklich. Möglicherweise gibt es auch eine Frage zum Thema Verhütung...

ihrem Körper feststellt: Schmerzen im Unterleib, Jucken und Brennen im Bereich der Scheide, Ausfluß, Veränderungen an den Brüsten, ständige unregelmäßige Blutungen. Aber auch, wenn bei einem Mädchen mit 15 oder 16 Jahren noch keine Blutungen eingetreten sind oder wenn die Periode aus-

Unsere Ärztin bzw. unser Arzt muß uns verstehen können. Dazu tragen ausführliche Gespräche bei.

Jedes Mädchen, jede Frau kann auch zum Frauenarzt gehen, weil sie sich untersuchen lassen will, weil sie wissen möchte, ob mit ihrem Körper alles in Ordnung ist, oder einfach weil sie neugierig ist, wie es da aussieht, und gerne mehr wissen und mitreden will, wenn die Freundinnen ihre Erfahrungen austauschen (siehe Teenagersprechstunde, Seite 70).

Handfeste Gründe

Es gibt auch andere Gründe, die einen dazu veranlassen können, unbedingt einen Frauenarzt oder eine Frauenärztin aufzusuchen. Das sind zum Beispiel irgendwelche Unregelmäßigkeiten, die eine Frau an

bleibt. Auf keinen Fall muß ein Mädchen zum Frauenarzt gehen, nur weil die Mutter oder der Vater sie dazu drängen. Oder weil der Freund unbedingt will, daß sie sich die Pille verschreiben läßt. Es gibt nur zwei Gründe, um zum Frauenarzt zu gehen: Ein Mädchen will das tun, oder ein Mädchen hat Beschwerden.

Vorsorgeuntersuchung

Erst später, wenn Mädchen regelmäßig ihre Periode haben, empfehlen Fachleute, einmal im Jahr zum Gynäkologen zu gehen und eine Krebsvorsorgeuntersuchung machen zu lassen.

Manche Frauen wechseln mehrmals den Gynäkologen, bis sie jemanden finden, mit dem sie zufrieden sind! Ein optimales Verhältnis zur Frauenärztin oder zum Frauenarzt entwickelt sich bei gegenseitigem Vertrauen.

Wenn ja, zu wem?

Wenn die Entscheidung gefallen ist, zur Frauenärztin oder zum Frauenarzt zu gehen, stellt sich die Frage: zu wem? Am besten sind meist Empfehlungen. Eine Freundin geht zu jemandem, den sie gut findet, oder vielleicht hat auch die Mutter einen Tip. Möglicherweise geht sie ja auch mit. Vielleicht ist es einem Mädchen aber auch lieber, nicht denselben Frauenarzt wie die Mutter zu haben. Oder ein Mädchen möchte lieber zu einer Frau als zu einem Mann gehen. Also: sich bei Freundinnen oder anderen Vertrauenspersonen mal umhören. Auskünfte erteilt auch die Familienberatungsstelle Pro Familia oder der Arbeitskreis Teenagersprechstunde (siehe Adressenverzeichnis im Anhang).

Infobörsen

In Großstädten gibt es in Frauengesundheitszentren häufig Gynäkologenkarteien, die über die Vorzüge, Nachteile und Eigenheiten von Frauenärzten und -ärztinnen Auskunft geben. Dort können sich Mädchen ebenfalls sehr gut informieren.

Schweigepflicht

Ganz klar ist: Frauenärzte unterliegen der Schweigepflicht. Das bedeutet, daß sie keinem Menschen, auch nicht irgendwelchen neugierigen Müttern oder Vätern, Auskunft geben dürfen. Weder Auskunft darüber, ob ihre Tochter überhaupt bei ihnen in Behandlung ist, noch darüber, ob sie die

Pille bekommt oder nicht. Mit anderen Worten: Wenn ein Mädchen auf keinen Fall möchte, daß die Eltern erfahren, daß sie zum Frauenarzt geht, dann erfahren sie es auch nicht. Sie kann diesen Punkt mit dem Arzt oder der Ärztin besprechen, und sie kann auch eine eigene Versichertenkarte bei der Krankenkasse anfordern. Wenn sie privat über die Eltern versichert ist, kann der Arzt ihr die Rechnung direkt aushändigen.

Das erste Mal

Wie läuft nun der erste Besuch bei der Frauenärztin oder beim Frauenarzt ab? Die Wahl ist getroffen, man hat sich bereits angemeldet, oder die Mutter hat es für einen gemacht, und der Termin rückt näher. Zunächst mal ist es wie bei jedem anderen Arzt auch: Man kommt rein, geht zur Anmeldung und dann ins Wartezimmer. Je nachdem, was in der Praxis los ist, heißt es erst mal: warten. Die meisten Frauenärzte bestellen etwa alle 10 bis 15 Minuten eine Patientin. Bei manchen Frauen geht es schnell, für andere, die ein akutes Problem haben oder ein längeres Gespräch benötigen, brauchen sie unter Umständen mehr Zeit.

Bei der Frage, ob Arzt oder Ärztin, sollten sich Mädchen von ihrem spontanen Gefühl leiten lassen.

Da kann es schon mal länger dauern. Kleiner Trost: Wenn einen
selbst etwas besonders beschäftigt,
dann räumt der Arzt oder die Ärztin
einem auch mehr Zeit ein. Schließlich ist es soweit: Die Sprechstun-
denhilfe oder die Ärztin bzw. der
Arzt rufen einen ins Sprechzimmer.
»Was führt Sie zu mir?« – so oder
ähnlich beginnt das Gespräch, und
die Patientin hat die Möglichkeit,
ihr Anliegen vorzutragen.

»Ich glaub', ich war 15. Da
bin ich mit meiner Mutter zum
erstenmal zum Frauenarzt gegangen. Ich hatte irgendeinen Pilz und wollte auch mal
austesten, wie das da so ist.
Und dann hab' ich meinen ganzen Mut zusammen genommen und
eine Frage gestellt, die mir
schon seit langem auf dem
Herzen lag, nämlich, ob mein
Busen noch wächst oder nicht.
Ich wollte halt an einen Kom-
petenten diese Frage richten.« (Katrin, 17)

Angst vorm Reden

Auch wenn ein Mädchen nicht gerade auf den Mund gefallen ist – die
Zunge kann einem ganz schön
schwer werden. Ganz cool zu sagen: »Ich brauch' die Pille« – das
schaffen wohl die wenigsten. Doch
Frauenärzte sind für solche Fragen
da. Sie sind nämlich für alle Fragen
und Probleme zuständig, die mit
den weiblichen Geschlechtsorganen, mit Sexualität und Verhütung
zu tun haben. (Nicht ausschließlich
natürlich. In Städten gibt es auch
andere Beratungsstellen wie Pro
Familia; siehe Adressenverzeichnis).
Über die Größe des Busens, über
ein Jucken an der Scheide oder
über Sexualität zu sprechen, das
fällt einem schon bei einer vertrau-
ten Person schwer. Wie soll das mit
einem fremden Menschen gehen?
Doch Fragen sind ganz wichtig!
Von selbst wissen Gynäkologen ja
nicht, welches Problem einem
Mädchen auf den Nägeln brennt.
Von sich aus fragen Frauenärztinnen und -ärzte nach der letzten
Periode, danach, ob sie regelmäßig

*Pille oder Pariser? Am besten
ist manchmal die
Kombination – zur Verhü-
tung einer Schwangerschaft
und zum Schutz vor
Geschlechtskrankheiten.*

62

ist, nach eventuellen früheren Erkrankungen oder Beschwerden und nach sonstigen Wünschen.

ganz schickes Modell, sozusagen einen »Porsche« unter den Stühlen. Das ist ein Gerät, auf dem man erst

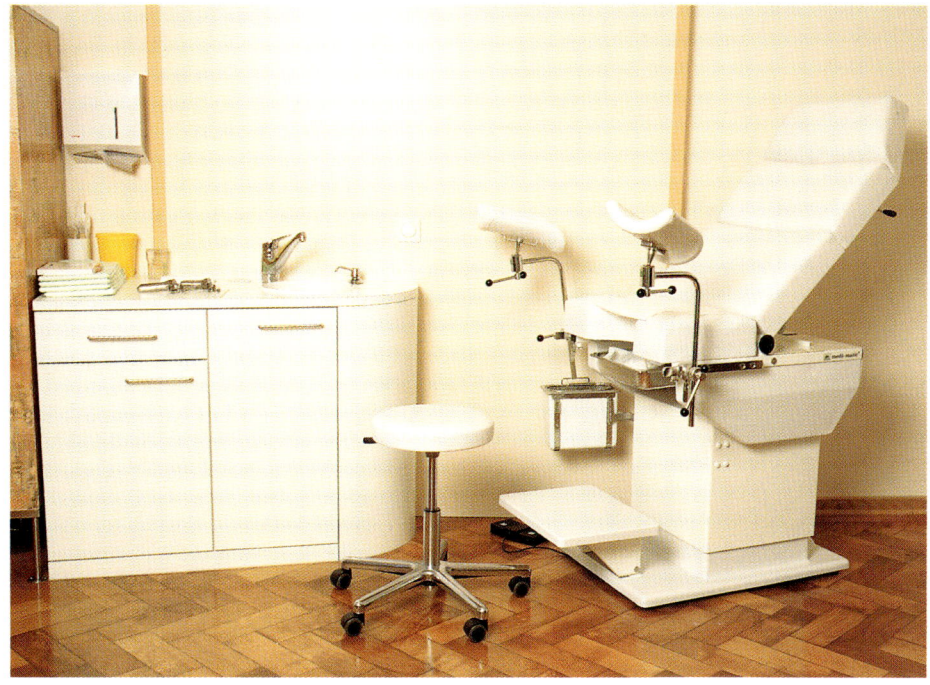

Für den gynäkologischen Stuhl braucht es ein bißchen Gewöhnung. Wenn man sich allerdings etwas mit ihm angefreundet hat, ist es gar nicht mehr schlimm.

Natürlich dient dieses Gespräch auch dem gegenseitigen Kennenlernen: Was ist das für ein Mensch da vor mir, wie kann ich diesem Mädchen optimal helfen? Und auf der anderen Seite: Mag ich diesen Arzt oder diese Ärztin, kann ich Vertrauen haben oder suche ich mir lieber jemand anderen?

DIE UNTERSUCHUNG

Für die eigentliche Untersuchung bitten Arzt oder Ärztin dann, sich »unten frei zu machen«, wie es so schön heißt. Mit anderen Worten: die Hose oder den Rock inklusive Unterhose auszuziehen. Dann geht es auf den berühmt-berüchtigten Stuhl: Das ist meist eine Liege; die Beine werden dort rechts und links auf zwei Beinstützen gelegt. Manche Ärztinnen und Ärzte haben ein

mal sitzen kann. Ärztin oder Arzt fahren einen dann gegebenenfalls in die liegende Position hoch. Bei diesem Stuhl kann dann der Teil unter dem Po weggeklappt werden.

Dieser Stuhl!
Die Notwendigkeit des gynäkologischen Stuhls wird immer wieder diskutiert. Würde nicht eine normale Liege reichen? Bisher hat sich allerdings noch keine andere Lösung durchgesetzt.

Der Ablauf einer Untersuchung sieht im Normalfall folgendermaßen aus: Zunächst werden die Scheide und die Schambehaarung betrachtet. Die Untersuchung gliedert sich dann in vier Teile, wobei

Am wichtigsten ist das Vertrauen zum Arzt oder zur Ärztin. Dann kann man die verschiedenen Untersuchungen entspannter über sich ergehen lassen.

die Reihenfolge variieren kann. Das heißt, jede und jeder macht es ein bißchen anders.

Die Abstrichuntersuchung

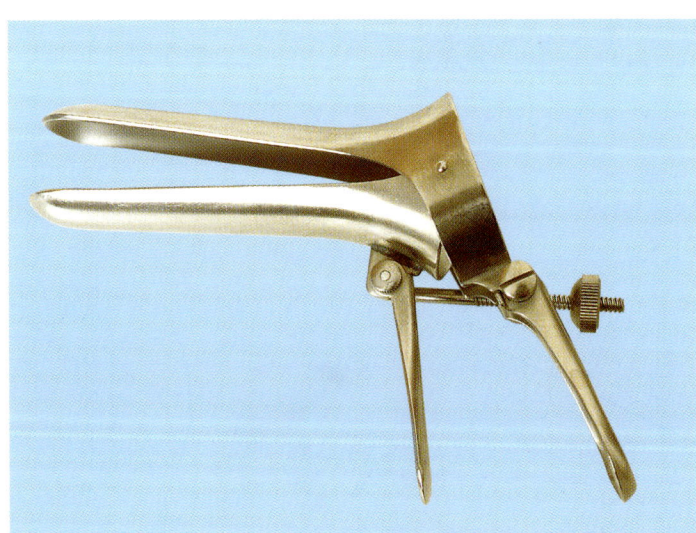

In die Scheide wird das Spekulum eingeführt – ein trichterförmiges Instrument, das ein bißchen wie ein Entenschnabel aussieht. Diese »Entenschnäbel« können geweitet werden, so daß durch die erweiterte Öffnung der Muttermund zu sehen ist, denn diese Untersuchung dient auch der Beurteilung von Scheide und Muttermund. Durch das Spekulum wird ein langes Wattestäbchen in die Scheide eingeführt, mit dem Sekret und Zellen vom Gebärmutterhals und vom Muttermund abgestrichen werden – das ist der Krebsabstrich. Das tut normalerweise nicht weh. Der Abstrich wird anschließend an ein Labor geschickt und dort untersucht. Hierbei wird festgestellt, wie die Zellen beschaffen sind, ob die Hormonproduktion in Ordnung ist und in welcher Zyklusphase (Östrogen- oder Gelbkörperphase) sich ein

Alle gynäkologischen Instrumente können angewärmt werden. Das ist für die Untersuchung angenehmer.

Durch das Spekulum kann der Arzt den Muttermund betrachten. Mit einem Wattestäbchen wird dann der sogenannte Abstrich gemacht.

Mädchen gerade befindet. Bis das Ergebnis dieses Krebsabstriches feststeht, vergehen einige Tage. Üblicherweise wird man nur benachrichtigt, wenn etwas nicht stimmt. Erfolgt keine Meldung von seiten des Arztes oder der Ärztin, ist alles in Ordnung.

Weh tut's nicht!

Richtig ausgeführt, tut diese Untersuchung nicht weh, und auch das Jungfernhäutchen wird dabei nicht verletzt. Es gibt erstens ganz kleine Spekula und zweitens noch kleinere »Baby«-Spekula. In extremen Fällen, bei großer Angst oder Verletzungsgefahr, hat die Ärztin oder der Arzt außerdem die Möglichkeit einen sogenannten Blindabstrich zu machen, das bedeutet, nur mit einem langen Wattestäbchen in die Scheide zu gehen.

Sonderfall: Ultraschall-untersuchung

Falls ein Mädchen Schmerzen hat, wird zunächst der Urin untersucht und / oder eine Ultraschalluntersuchung gemacht. Hierbei untersuchen nen oder zwei Finger der einen Hand in die Scheide ein. Mit der anderen Hand ertasten sie von außen her (durch die Bauchdecke) die Blase, die Gebärmutter sowie den rechten und linken Eierstock. Bei dieser Untersuchung wird fest-

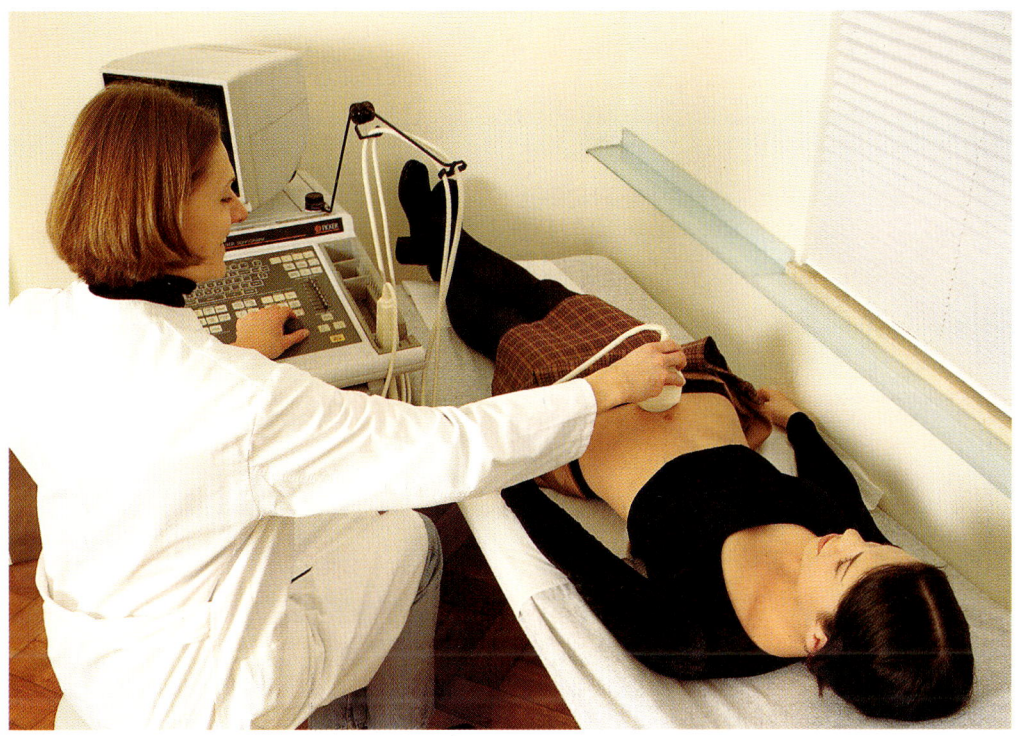

Ärztin oder Arzt mit einer Vaginalsonde (sieht aus wie ein Stab mit einem Kondom drauf) durch die Scheide die Organe des kleinen Beckens. Wenn der Scheideneingang zu eng ist, kann man die Vaginalsonde auch in den Darm einführen.

Eine andere Methode: Falls die Patientin noch »Jungfrau« ist, wird eine Ultraschalluntersuchung von außen durch die Bauchdecke gemacht.

Die Tastuntersuchung

Sie erfolgt meist von oben nach unten. Ärztin oder Arzt führen ei-
gestellt, wie die Gebärmutter beschaffen ist und ob es Knoten oder Zysten gibt. Zysten sind mit Flüssigkeit gefüllte Hohlräume am Eierstock; die allermeisten von ihnen sind völlig harmlos. Wenn die Gebärmutter etwas angehoben wird, kann man sie manchmal während der Untersuchung selbst fühlen.

Viele Ärztinnen und Ärzte erklären, was sie abtasten – ob die Gebärmutter groß oder klein ist usw. Auch die Tastuntersuchung verursacht normalerweise keine Schmerzen, nur die Berührung der Eierstöcke kann etwas weh tun.

Bei einer Ultraschalluntersuchung kann man die inneren Organe auf dem Bildschirm sehen.

Die meisten Gynäkologen lassen bei jungen Mädchen die rektale Untersuchung weg.

»Der Mensch ist verschieden.«

Das ist ein Spruch unserer Großmütter. Die Größe der Gebärmutter ist – medizinisch gesehen – ohne Bedeutung. Mit der Gebärmutter ist es wie mit anderen Körperteilen auch: Es gibt große und kleine, jede Gebärmutter ist anders.

Die rektale Untersuchung

Das ist die Untersuchung durch den Mastdarm. Hier wird ein

im Afterbereich) und auf mögliche Darmerkrankungen sowie auf die Lage der Beckenorgane.

Die Brustuntersuchung

Die Brust wird nach Knoten abgetastet. Für die Brüste gibt es auch eine spezielle Technik der Selbstuntersuchung, die Arzt oder Ärztin einem zeigen können. Durch regelmäßiges Abtasten der Brust zu Hause können Mädchen und Frauen selbst am besten feststellen, ob alles in Ordnung ist. Denn: Wer soll ihre Brust besser kennen als sie selbst?

Vor allem bei Verdacht auf Geschlechtskrankheiten wird der Patientin Blut entnommen, das anschließend im Labor untersucht wird. Auch bei einer Schwangerschaft oder bei Zyklusstörungen machen Ärzte Blutuntersuchungen.

Finger in den After eingeführt, denn auch von hier aus können die Gebärmutter, die Eierstöcke und die sogenannten Parametrien (die breiten Bänder, an denen die Gebärmutter hängt) abgetastet werden. Außerdem erlaubt diese Untersuchung Rückschlüsse auf die Funktionstüchtigkeit des Afterschließmuskels, auf Hämorrhoiden (das sind Erweiterungen der Venen

Blutdruckuntersuchung

Bei Frauen, die die Pille nehmen, wird immer der Blutdruck gemessen, da die Pille auch Einfluß auf Gefäßverengungen hat. Vor allem die Kombination von Pille und Rauchen ist gar nicht gut. Im Lauf der Zeit erhöht sich dadurch das Herzinfarktrisiko.

Selbstuntersuchung der Brust

Die Untersuchung, die man zu Hause macht, sollte jeweils einmal im Monat, im Anschluß an die Periode, ausgeführt werden. Dann sind die Brüste noch weich, und Veränderungen lassen sich leichter fest-

Armen anschauen. Anschließend vorsichtig auf jede Brustwarze drücken, um zu sehen, ob Flüssigkeit herauskommt. Für die weitere Selbstuntersuchung kann man sich aufs Bett legen. Den linken Arm unter den Kopf gelegt, fährt man mit den Fingern der rechten Hand in kreisförmigen Bewegungen über

Ärzte empfehlen, ab Mitte 30 regelmäßig eine Röntgenaufnahme der Brust (Mammographie) machen zu lassen.

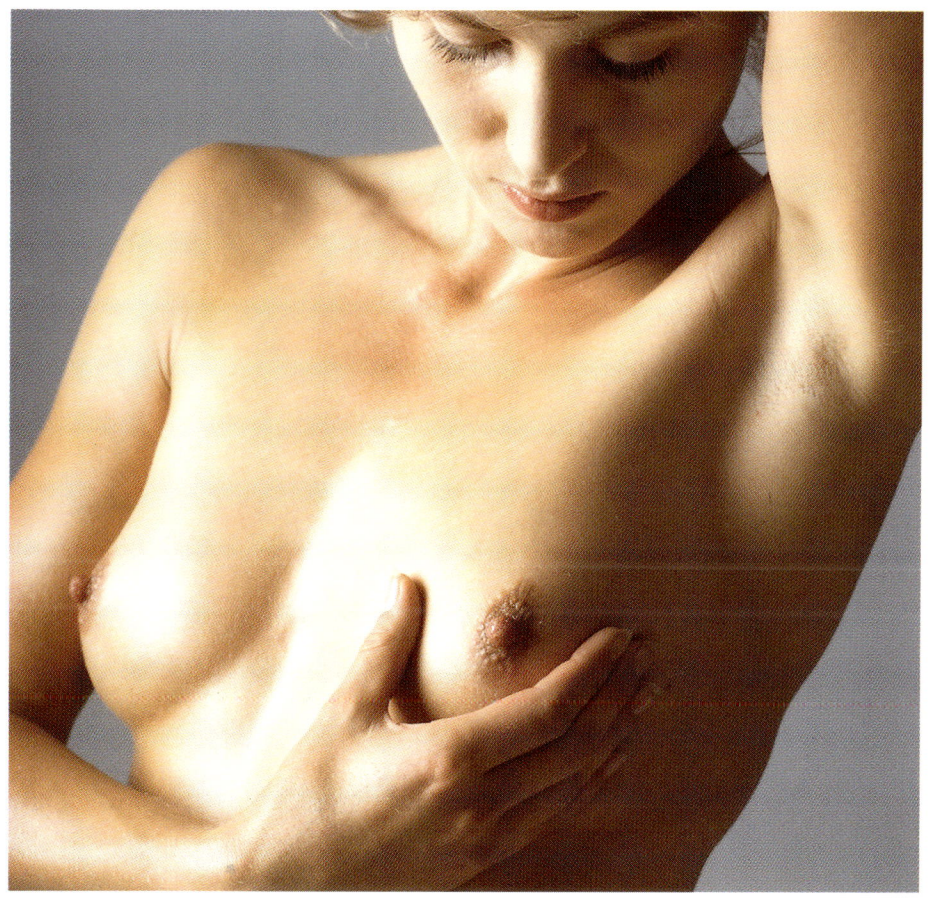

Am besten ist es, Brüste und Achselhöhlen nach einem festen Konzept abzutasten – zum Beispiel im Uhrzeigersinn und immer über Kreuz: also die linke Brust mit der rechten Hand und umgekehrt. Brust und Hände kann man sich dafür eincremen, das ist angenehmer.

stellen. Es ist wichtig, während des Abtastens warm und entspannt zu sein. Das erste Mal fängt ein Mädchen am besten nach einer ärztlichen Untersuchung damit an. Dann weiß sie nämlich, daß alles in Ordnung ist. Sinnvoll ist es, sich gerade vor den Spiegel zu stellen und zu gucken, ob sich irgend etwas verändert hat. Dann sollte man sich mit hoch über den Kopf gestreckten

die linke Brust. Jetzt den linken Arm an den Körper legen und mit der rechten Hand den Bereich unter der linken Achsel abtasten. Dann die Partie von der Brustwarze nach außen zum linken Arm abtasten, zuletzt den unteren, äußeren Teil der Brust vom Arm bis zur Brustwarze. Anschließend die ganze Prozedur bei der rechten Brust wiederholen.

LOLA LUNA: Im 19. Jahrhundert machten sich vor allem Männer über die Herkunft des weißlichen Ausflusses Gedanken und kamen zu den abenteuerlichsten Erkenntnissen, beispielsweise: Der Weißfluß sei die Folge einer verweichlichenden Erziehung.

Ein bißchen Übung braucht's

Am Anfang ist es gut, erst einmal zu spüren, wie sich das Brustgewebe überhaupt anfühlt. Die Brust ist nicht gleichmäßig, und es kann manchmal zu Verdickungen kommen. Bisweilen sind Stellen unter den Armen geschwollen – zum Beispiel, weil man etwas Schweres gehoben hat. Doch keine Angst: Eine Verdickung oder Verhärtung ist nicht gleich ein Knoten. Mit der Zeit findet ein Mädchen heraus, was bei ihr normal ist und was nicht.

WAS IST, WENN WAS IST?

Fast jede vierte Frau geht zur Frauenärztin oder zum Frauenarzt, weil sie Ausfluß hat. Was da fließt, kommt aus der Gebärmutter oder der Scheide, hat eine Farbe zwischen klarem Weiß und Gelbgrün, riecht manchmal unangenehm und kann Schmerzen beim Geschlechtsverkehr verursachen. Meist ist so ein Ausfluß einfach zu behandeln und geht schnell vorbei. Ein leichter weißlicher oder auch etwas gelblicher Ausfluß ist bei Frauen außerdem ganz normal.

Nur wenn der Ausfluß auffällig wird, ist Vorsicht geboten. Denn dann kann es sich um eine Erkrankung – eventuell um eine Geschlechtskrankheit – handeln.

Trichomonaden

Eine Scheideninfektion, die Ausfluß verursacht, kann durch ein sogenanntes Protozoon, ein Urtierchen namens Trichomonas vaginalis, eintreten. Diese »Viecher« riechen unangenehm, bewirken einen glasigen, gelbgrünen Ausfluß und empfindlichen Juckreiz. Jede fünfte erwachsene Frau hat einige von ihnen in der Scheide, aber die Beschwerden treten bei weit weniger Frauen auf. Die Trichomonaden kommen übrigens auch im Penis der Männer vor, doch die haben viel seltener Probleme damit. Bei einer Infektion muß der Partner aber auf jeden Fall mitbehandelt werden.

Pilze

Eine Scheideninfektion kann auch durch hefepilzartige Organismen mit dem Namen Candida albicans ausgelöst werden. Auch sie kommen etwa bei jeder fünften Frau in der Scheide vor, rühren sich aber relativ selten. Wenn sie es tun, wird es allerdings ziemlich unangenehm: frischkäseartiger Ausfluß, starker Juckreiz und Schmerzen beim Geschlechtsverkehr. Frauenärztinnen und -ärzte behandeln die Pilze meist mit Scheidencremes, Schei-

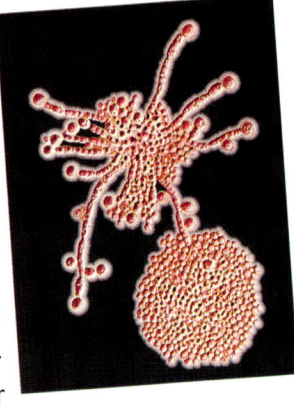

denzäpfchen oder Tabletten. In manchen Fällen (vor allem in leichteren Fällen) reicht es auch, die Scheide »anzusäuern«. Die Behandlung kann eine Frau selbst durchführen: einfach einen Tampon in Joghurt mit rechtsdrehenden Milchsäurebakterien (gibt's im Reformhaus) tunken und in die Scheide einführen.

Tripper (Gonorrhoe)

Tripper wird durch Bakterien, die sogenannten Gonokokken, übertragen. Sie können sich auf den Schleimhäuten des Mundes, der Geschlechtsorgane und des Darms vermehren. Brennen und Schmerzen im Unterleib und Ausfluß sind die Symptome. Früh erkannt, kann der Tripper leicht mit Antibiotika behandelt werden. Wird er verschleppt, besteht die Gefahr von Eileiterentzündung, Verklebung der Eileiter und letztendlich Unfruchtbarkeit.

Herpes

Viele haben Herpes, eine Virusinfektion, als Ausschlag am Mund. Kleine, juckende Bläschen, mit denen man dann nicht mehr küssen kann (und wegen der Ansteckungsgefahr auch nicht sollte). Das ist der Lippenherpes. Die Bläschen können sich allerdings auch an den Schamlippen bilden – das ist dann der sogenannte Genitalherpes. Oft verschwinden beide Bläschenarten von selbst, kommen aber meistens wieder. Gegen diese Rückfälle (Rezidive) ist man leider nicht gefeit. Herpes kann örtlich mit Salbe

»bekämpft« werden. Eine komplette Ausheilung dieser tückischen Virusinfektion ist bis jetzt noch nicht möglich.

Geschlechtskrankheiten

Wie der Name schon sagt: Übertragen werden sie (mit Ausnahme des Lippenherpes) durch Geschlechtsverkehr. Bei einer Behandlung muß also immer der Partner miteinbezogen werden. Allerdings: Nur zehn Prozent der Frauen, die zum Gynäkologen oder zur Gynäkologin gehen, sind tatsächlich krank. Die meisten kommen lediglich zur Vorsorgeuntersuchung, zu Schwangerschaftstests oder um sich die Antibabypille verschreiben zu lassen.

Genitalinfektionen haben in den letzten Jahren kräftig zugelegt. Dafür gibt es mehrere Gründe: übertriebene Intimhygiene, Ernährungsfehler, ein geschwächtes Immunsystem, Streß, Medikamente.

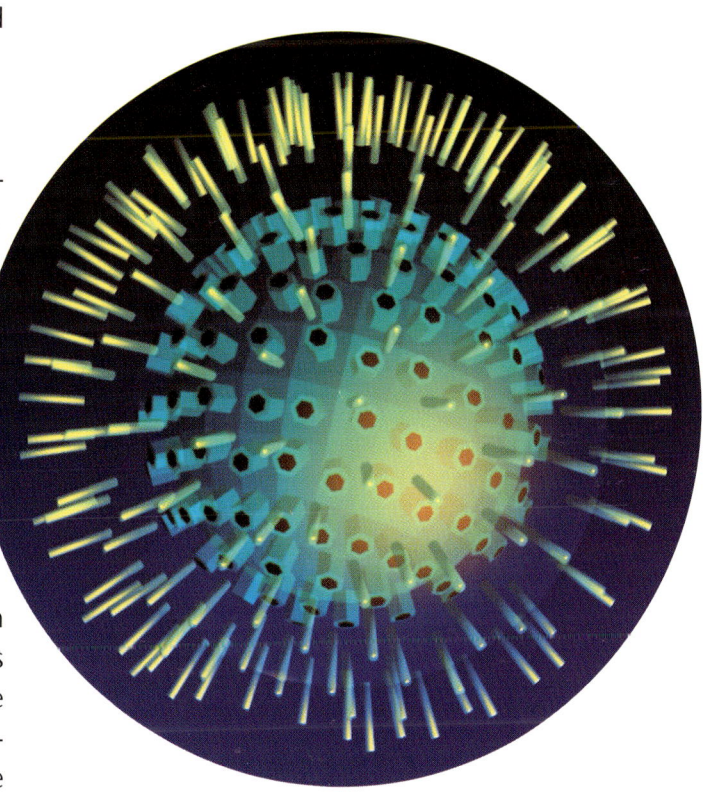

TEENAGER-SPRECHSTUNDE

Einige Frauenärztinnen und -ärzte bieten eine spezielle Sprechstunde für junge Mädchen an, die sogenannte Teenagersprechstunde. Das ist eine ideale Möglichkeit, mal in eine Praxis reinzuschnuppern, sich alles anzugucken, sich zu informieren, mit oder ohne speziellen Grund hinzugehen und ohne Anmeldung und Wartezeiten schnelle Beratung zu bekommen. Hier herrscht meist eine lockere Atmosphäre, denn es handelt sich um eine besondere, »offene« Sprechstunde, beispielsweise an einem bestimmten Nachmittag in der Woche – und nur junge Mädchen dürfen kommen. Es besteht also auch keine Gefahr, die Lehrerin, die Tante oder sonst eine Frau anzutreffen, der man hier nicht begegnen will. Einfach aus Neugier, mit Freundin, Freund oder der ganzen Schulklasse können Mädchen in der Praxis anrücken. Ärztin oder Arzt erklären auf Wunsch ihre Räume und die Geräte. Sie stellen den Stuhl zum Probesitzen zur Verfügung und beantworten alle Fragen, die einem auf der Seele brennen. Wer ein dringendes Problem hat, kann natürlich auch an diesem Tag hingehen und sich untersuchen lassen.

> **»Die Teenagersprechstunde macht uns allen großen Spaß. Im Wartezimmer wird geschwätzt und gekichert und Tee getrunken.«**
> **(eine Frauenärztin)**

> **»Der Frauenarzt sollte sensibel genug sein, daß er erst ein Gespräch führt, daß er die Instrumente anwärmt. Und die Patientin sollte sich nicht ganz ausziehen müssen. Die meisten handeln auch so, es gibt aber noch Ausnahmen.«**
> **(eine Frauenärztin)**

Adressen von Gynäkologen, die diesen Service bieten, gibt's beim »Arbeitskreis Teenagersprechstunde« (siehe Adressenverzeichnis im Anhang).

Was ein Mädchen erwarten kann

Von Gynäkologen kann man eine ganze Menge erwarten: Auf jeden Fall sollte er oder sie zuhören und herausfinden, was die Patientin will und was sie nicht will. Und später auch nur das tun, was sie will. Gerade beim ersten Besuch ist vor allem Ruhe und etwas Zeit nötig, um miteinander warm zu werden. Häufig ist der erste Besuch ja auch mit dem Wunsch nach der Verschreibung der Pille oder eines anderen Verhütungsmittels verbunden. Dann geht's natürlich auch um Informationen über die verschiedenen Verhütungsmethoden (siehe 8. Kapitel).

Man muß sich nichts gefallen lassen!

Es gibt immer noch Geschichten von Frauenärzten, die den Frauen erst gegenübertreten, wenn sie schon unbekleidet sind, die Frauen nackt in der Kabine warten lassen oder ähnliche »Scherze«. Bei Frauenärzten, die sich so verhalten, gibt's nur eins: Ganz schnell aufstehen und gehen. Die erste Untersuchung ist immer eine Art Weichenstellung. Wenn Mädchen zum erstenmal in eine gynäkologische Praxis gehen, haben sie alle wenn nicht Angst, so doch Lampenfieber. Hinterher fühlen sie sich meistens befreit. Denn wenn es gut läuft, fällt beim nächstenmal schon einiges an Streß weg. Also: die Ärztin oder den Arzt sorgfältig auswählen!

KÖRPERGEFÜHL

WICHTIG IST, MIT SEINEM KÖRPER KLARZUKOMMEN, EIN GEFÜHL FÜR IHN ZU ENTWICKELN, KEINE SCHEU VOR DER EIGENEN BERÜHRUNG ZU HABEN. BEIM DUSCHEN ODER BADEN KANN MAN GUT SPÜREN, WIE SICH DIE BRUST ODER DIE BRUSTWARZEN ANFÜHLEN. JE VERTRAUTER WIR MIT UNSEREM KÖRPER SIND, DESTO EHER MERKEN WIR, WENN ETWAS NICHT STIMMT – UND KÖNNEN DARAUF REAGIEREN. ABER EINE SELBSTUNTERSUCHUNG DER BRUST IST NICHT NUR ETWAS MEDIZINISCHES. WER WILL, KANN SICH VORSTELLEN, HEILENDE KRÄFTE IN DEN FINGERN ZU HABEN. DAS IST GAR NICHT ABWEGIG – AKUPRESSUR FUNKTIONIERT SO.

Von Fröschen und Prinzen

6.

AUCH JUNGEN HABEN ES NICHT IMMER LEICHT

LOLA LUNA: Die Jungen der Yaka in Südwestzaire werden von den Müttern und Geschwistern getrennt und anschließend an der Vorhaut beschnitten. Drei Jahre lang müssen sie dann die männliche Rolle einüben. Nach Abschluß dieser »Lehrzeit« maskieren sie sich und führen Tänze auf, deren Sinn es ist, Kinder, Mädchen und Frauen zu erschrecken und ihnen auf diese Weise die Macht der Männer zu demonstrieren.

»Doof find' ich so ganz coole Jungs, die dann 'ne Rasierklinge unterm Arm haben, also so 'nen Machogang haben - und die Arme so weit auseinander, daß sie sie nicht mehr runterkriegen.«
(Johanna, 15)

Jungen sind manchmal doof, das ist keine Frage. Jungen eines bestimmten Alters wirken auf Mädchen manchmal sogar sehr doof, alles andere als beeindruckend. Man kann kaum mit ihnen reden, sie schneiden total auf und benehmen sich, als wären sie die Größten. Machogehabe und Großkotzigkeit wirken eher lächerlich, aber Jungen scheinen tatächlich zu glauben, daß sie bei Mädchen damit Eindruck schinden können.

»Was wir an Jungs Scheiße finden? Die benehmen sich manchmal echt wie Kindergartenkinder. Dann prügeln sie sich und stecken jemand anderen in die Mülltonne.«
(Fee und Jana, 13)

Warum sie das machen? Nun, sie müssen ja auch irgendwann mal Männer werden – Männer wie sie im Buche stehen oder wie sie im Film auftreten. Doch ein Arnold Schwarzenegger zu werden, das ist nicht so ganz einfach. Der hat wahrscheinlich auch erst mal üben müssen, bevor er auf der Leinwand den Terminator mimen konnte: Wie läßt man am besten seine Muskeln spielen? Wie macht man

Für Jungen ist das Erwachsenwerden keinen Deut einfacher als für Mädchen. Sie haben ganz ähnliche Probleme und Krisen – nur ein bißchen anders.

Bei vielen Völkern müssen sich Jungen sogenannten Initiationsritualen unterziehen. Teilweise sind diese Rituale sehr schmerzhaft.

LOLA LUNA:

Bei den Kwakiutl-India-
nern Nordamerikas
wurde zu Beginn des
19. Jahrhunderts die so-
genannte Hamatsa-Zere-
monie durchgeführt. In
der Pubertät hielt sich
der junge Mann, gele-
gentlich auch das junge
Mädchen, vier Monate
von der Dorfgemein-
schaft fern. Es wurde ge-
sagt, der Junge wäre bei
einem gewaltigen Men-
schenfresser. Wenn er in
sein Dorf zurückkam, be-
nahm er sich verrückt,
tanzte wild, verlangte
nach Menschenfleisch
und biß die Leute. Vier
Tage dauerte es, bis seine
Tanzbewegungen ruhiger
wurden. Seine Zähmung
brachte er dadurch zum
Ausdruck, daß er hinter
seinen weiblichen Helfern
hertanzte.

am lässigsten aus seinen Gegnern
Kleinholz? Wie spricht man am
coolsten ein Mädchen an?

»Wenn ich ein Junge wär'...

...das wäre wunderschön. Dann
könnt' ich jeden Tag in langen Hosen gehn...« Das ließe sich fortset-
zen: Ich hätte nicht diese lästige
Menstruation, würde immer Jeans
tragen, dürfte abends länger
draußen bleiben, hätte auch keine
Probleme mit diesen lästigen Frau-
enkrankheiten und auch keine
Angst davor, gleich schwanger zu
werden... Und überhaupt: Alles
»wäre halb so schwer, wenn ich ein
Junge wär'«. Die Schlagersängerin
Rita Pavone hat das 1963 schon
ganz richtig erkannt. Das Lied war
ein Hit.

In der Pubertät schielen manche
Mädchen neidisch zum anderen
Geschlecht. Jungen sind scheinbar
cooler, tragen ihre Kämpfe aus und
bereiten sich auf die Männergesell-
schaft vor.

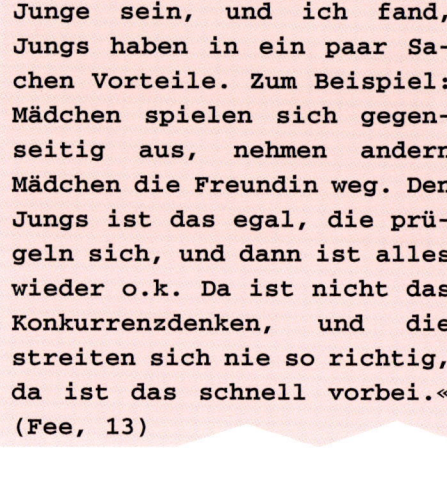

»Früher wollte ich mal ein
Junge sein, und ich fand,
Jungs haben in ein paar Sa-
chen Vorteile. Zum Beispiel:
Mädchen spielen sich gegen-
seitig aus, nehmen andern
Mädchen die Freundin weg. Den
Jungs ist das egal, die prü-
geln sich, und dann ist alles
wieder o.k. Da ist nicht das
Konkurrenzdenken, und die
streiten sich nie so richtig,
da ist das schnell vorbei.«
(Fee, 13)

Ein Indianer kennt keinen Schmerz

Jungen haben es auch schwer, das
ist keine Frage. Sie müssen am wei-
testen pinkeln, Mutproben bestehen und dürfen nicht weinen, auch
nicht, wenn sie noch klein sind.
Wenn sie größer sind, brauchen sie
möglichst früh Schamhaare und einen langen Pimmel, um vor ihren
Freunden bestehen zu können.
Das Potenzgehabe, so heißt es in
schlauen Büchern, soll ihre Angst
vor dem Versagen überspielen.

Jungen lernen, aktiv zu sein, um
Anerkennung zu kämpfen und mit
ihren Geschlechtsgenossen zu wett-
eifern. Es gibt ein Spiel, sich gegenseitig aufzuziehen und die Jungen
fertigzumachen, die noch nicht so
weit entwickelt sind. Dabei wissen
die meisten gar nicht, wie lang der
Pimmel des anderen wirklich ist.
Was Mädchen anbelangt, müssen
Jungen erst mal herausfinden, was
die alles toll finden. Wenn sie das
dann ungefähr wissen, müssen sie
erst mal üben: Ein Tom Cruise oder
Jon Bon Jovi fällt eben nicht vom
Himmel.

»Es gibt viele Jungs, die nur nett sind, wenn man mit denen allein ist, sonst muß man hinter denen herrennen, und die rufen nie an ... Wenn Du die einzeln kennenlernst, sind die o.k. Aber wenn die mit ihren ›tollen‹ Gruppen zusammen sind, verhalten sie sich asozial, das reicht mir nicht.«
(Johanna, 15)

Natürlich wünschen sich auch Jungen Gefühle, Liebe und Treue – aber vielen ist dies wirklich kaum von der Nasenspitze abzulesen. Und dafür, daß ein Mädchen weiß, daß viele Jungen sich nur aus Unsicherheit in ihren »tollen Gruppen« verschanzen, kann sie sich auch nichts kaufen.

Schwierige Fragen

Wie mache ich ein Mädchen an? Wird mich überhaupt jemals eine gut finden? Und wenn – wo lasse ich bloß meine Hände beim Küssen? Solche Fragen spuken in den Köpfen von Jungen herum. Aber wer, bitte schön, soll sie beantworten? Väter könnten einem Jungen vielleicht den ein oder anderen sachdienlichen Hinweis geben. Aber wer hat schon ein solches Verhältnis zu seinem Vater, daß er zu ihm gehen und sagen kann: »Dad, ich hab' da ein Problem. Ich find' da eine Frau gut und will die anmachen. Wie macht man das?«
Hinzu kommt, daß viele Väter für ihre Söhne sowieso nicht greifbar sind, weil sie arbeiten oder weil sie

von Frau und Kindern getrennt leben. Außerdem: Jungen wollen ja gerade anders werden als der Vater. Manche Jungen versuchen, mit ihrer Mutter darüber zu sprechen. Für andere kommt auch das überhaupt nicht in Frage.

»Bravo« und Pornos

Viele Jungen wagen auch nicht, sich bei ihren Freunden zu erkundigen, worauf Mädchen so stehen. Wie säh' das denn aus? Die würden sie nur aufziehen, da würden sie nur das Gesicht verlieren. Was bleibt, sind »Bravo«, der »Terminator« oder irgendwelche Pornofilme und -zeitschriften. Daß sich daraus ein eher schiefes Bild der Wirklichkeit formt, ein Zerrbild dessen, was Frauen sich wünschen und Männer befriedigen müssen, ist kein Wunder.

Die »tollen Gruppen« von Jungen sind manchmal gar nicht so toll. Viele können untereinander nicht wirklich ehrlich über Probleme – vor allem über Probleme mit Mädchen – reden.

75

KÖRPERLICHE VERÄNDERUNGEN

Am längsten müssen Jungen auf das Bartwachstum warten. Lange Zeit sprießt oft nur ein Flaum auf der Oberlippe. Mit 18, 19 und 20 haben junge Männer dann erst einen »richtigen« Bart.

Mädchen interessieren sich meist für Jungen, die mindestens eine Klasse über ihnen sind. Denn bei Jungen fängt alles – sowohl die körperliche als auch die seelische Entwicklung – erst später an. Äußerlich sichtbar, verändert sich der Körper eines Jungen mit ungefähr zwölf Jahren. Da merkt er plötzlich, daß sein Glied dicker und seine Hoden größer werden. Haare sprießen an allen möglichen Stellen, seine Brustwarzen werden hart. Etwas später kommt der Stimmbruch dazu. Und auch von Pickeln bleibt niemand verschont.

Körperhaare

Genau wie bei Mädchen geht es mit dem Haarwuchs zunächst unter den Armen und an den Geschlechtsorganen los. Später kommen Haare auf den Beinen und Unterarmen und zuletzt auf der Brust dazu. Wie dicht dieser Haarwuchs wird, ist sehr unterschiedlich. Manche schleppen einen ganzen »Urwald« mit sich herum, andere haben eher eine kahle »Milchbubenbrust«. Das ist übrigens nicht abfällig gemeint. Manche Mädchen (und auch die Jungen selbst) finden eine unbehaarte, manche eine behaarte Brust schöner. Das ist totale Geschmackssache.

Jungen entwickeln sich – genau wie Mädchen – unterschiedlich: groß oder klein, dick oder dünn, behaart oder weniger behaart. Was zu wenige Jungen wissen: Für Mädchen spielt das Aussehen nicht so eine große Rolle.

76

Wachstumsschub

Das Körperwachstum läuft ähnlich ab wie bei Mädchen. Es passiert in mehreren Schüben, der letzte kommt ungefähr mit 17 oder 18. Unterschiede gibt's natürlich in der Form: Bei Jungen wird der Oberkörper breit, das Becken bleibt schmal. Zumindest in der Regel ist das so. Doch keine Regel ohne Ausnahme.

Brüste

Verwirrend für den ein oder anderen ist der Beginn des Brustwachstums. Da bildet sich plötzlich auch ein kleiner Busen, und das Gewebe unter den Brustwarzen schwillt an. Das jagt manchen Jungen einen ganz schönen Schrecken ein. »Hilfe, Brustkrebs!« Etwa nach einem Jahr bildet sich dieser Hubbel zurück und geht in die Breite. Andere spüren gar nichts. Beide Entwicklungen sind völlig normal.

Stimme

Die männliche Stimme macht so einiges mit. Die Zeit des Stimmbruchs kann für einen Jungen ganz schön nervend sein: Bevor Jungen so richtig tief und männlich sprechen können, müssen sie mit ein paar unangenehmen Entgleisungen rechnen. Ein Junge macht den Mund auf, und es kommen nur Krächzer oder Kiekser zustande, bei denen jeder peinlicherweise hört, daß es noch nicht so richtig klappt.

Geschlechtsorgane

Wie gesagt, das **Glied** (lateinisch: **Penis**) wird länger und später auch dicker, ebenso die **Hoden.** Jetzt geht es für Jungen mit der bangen Frage los: Wie lang wird er denn nun? Aber warum soll es ihnen da anders gehen als den Mädchen? Penisse und Hoden sind – genau wie Brüste, Gebärmütter und Scheiden – ganz unterschiedlich. Es gibt kleine, große, dicke und dünne. Wie gut ein Junge damit selbst zurechtkommt (oder später mit einem Mädchen klarkommt), ist völlig unabhängig von Größe und Aussehen. Das Metermaß können Jungen also getrost wieder weglegen.

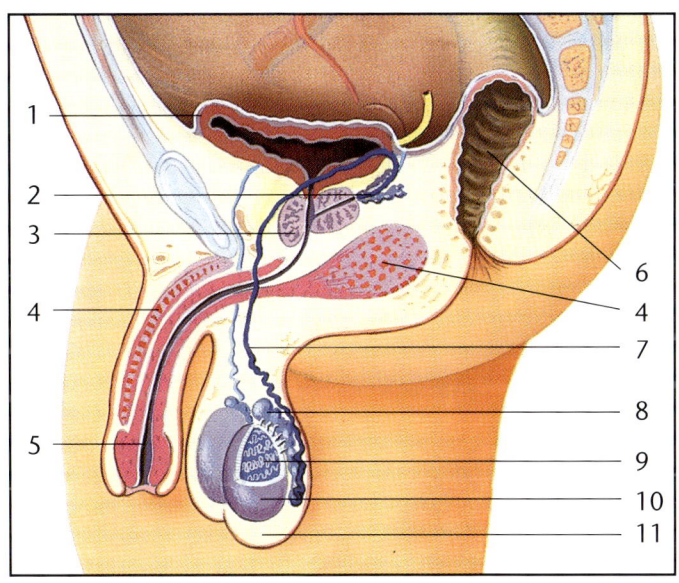

Was baumelt da?

Das Glied des Jungen ist wie ein Rohr geformt und besteht aus drei sogenannten **Schwellkörpern**; das sind Bluträume, die die **Harn-Samen-Röhre** umschließen. Sie bilden den **Penisschaft**. (Bei Mädchen befinden sich solche Schwellkörper im Kitzler, in den Schamlippen und am Scheideneingang.) Das Glied hängt meist schlaff herunter, nur bei sexueller Erregung füllen sich die Schwellkörper ver-

Männliche Geschlechtsorgane:
Harnblase (1), Samenblasen (2), Vorsteherdrüse (3), Schwellkörper (4), Harnröhre (5), Darm (6), Samenstrang (7), Nebenhoden (8), Hodenkanälchen (9), Hoden (10), Hodensack (11).

So wie bei Mädchen das Östrogen einen Einfluß auf den Organismus gewinnt, so steuert bei Jungen das Testosteron die Entwicklung zur Männlichkeit. Doch beide haben auch jeweils die Hormone des anderen Geschlechts: Mädchen etwas Testosteron und Jungen einen kleinen Anteil an Östrogen.

stärkt mit Blut. Dann richtet sich das weiche, kleine Glied auf und wird härter und größer. Das nennt man **Erektion.**

An der Spitze des Gliedes befinden sich **Vorhaut** und **Eichel.** Die Vorhaut ist eine Art Reservefalte, die sich ausfaltet, wenn das Glied durch Erregung länger wird. Das Hin- und Herschieben der Vorhaut kann für Jungen sehr lustvoll sein. Die Eichel des Jungen, die unter der Vorhaut versteckt liegt, ist, wie der Kitzler des Mädchens, der sexuell empfindlichste Körperteil. In ihrer Haut befinden sich viele Nervenenden, die leicht erregbar sind.

Die männliche Perle

Die Eichel wird auch Perle genannt, zumindest von einfallsreichen kleinen Mädchen. Eine Sechsjährige erfand für die Eichel ihres dreijährigen Bruders den Ausdruck »kleine blaue Perle« und war ziemlich neidisch darauf. Kein Grund, sie ist das Gegenstück zum Kitzler, zur Perle des Mädchens.

Die männliche Samenzelle ist 0,07 Millimeter groß.

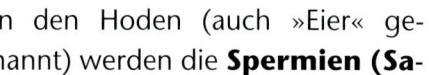

In den Hoden (auch »Eier« genannt) werden die **Spermien (Samenzellen)** produziert. Die Hoden haben viele kleine Kanäle, in denen die **Samenbildungszellen** liegen. Diese Kanälchen münden in weitere Kanäle der sogenannten **Nebenhoden** und von dort in den **Samenleiter.**

Der Samenerguß

Meist passiert er in der Nacht, der erste **Samenerguß (Ejakulation).** Weißlich, milchig sieht der Samen aus; er duftet etwas säuerlich und enthält unzählige Samenzellen – sagen wir mal: so 200 bis 300 Millionen, es können auch 400 Millionen sein. Pro Erguß! Um Urin und Samen auseinanderzuhalten, gibt es einen genialen Mechanismus: Bevor die Samenflüssigkeit austritt, schließt sich die Harnröhre zur Blase hin. Auf diese Weise können weder Samen in den männlichen Körper gelangen, noch kann während des Samenergusses Urin ausgestoßen werden.

Der Junge merkt oft gar nichts von einer Ejakulation. Wenn er aufwacht, ist die Samenflüssigkeit im Bett. »Feuchte Träume« nennt sich das. Mit Ende der Pubertät läßt es nach. Und so spektakulär scheint es nicht zu sein: Die meisten Männer haben keine Erinnerung mehr daran. Wichtig ist, daß es jetzt für Jungen losgeht. Sexuelle Erregungen und Empfindungen gab es natürlich auch vorher – schon kleine Jungen haben Erektionen –, doch nun geht es mit geballter Kraft weiter. »Schuld« daran ist der Einfluß des männlichen Sexualhormons **Testosteron.** Jetzt kriegen Jungen manchmal »einen Steifen« , ganz plötzlich, schon morgens beim Aufwachen, bei Phantasievorstellungen über »geile Mädels« oder schon durch die leichte Reibung der Hose.

Wie für die Menstruation der Mädchen gilt für den Samenerguß der Jungen: Jetzt kann man Kinder machen. Einen entscheidenden Unterschied zwischen Menstruation und Samenerguß formulieren Dieter Schnack und Rainer Neutzling in ihrem Buch »Prinzenrolle«: »Die sexuelle Initiation (Einweihung) hat für Mädchen mit Blut zu tun und für Jungen mit Lust.« Die erste Menstruation tritt unabhängig von sexueller Erregung ein, der erste Samenerguß ist mit einem Orgasmus verbunden.

Noch Fragen?

Kann der Samenvorrat aufgebraucht werden? Das fragen sich viele Jungen. Und was bedeutet die Flüssigkeit, die sich bei einer Erektion bildet? Auf diese Fragen gibt es klare Antworten. Erstens: Der Samenvorrat ist quasi unerschöpflich, er bildet sich nämlich immer wieder nach. Also: kein Grund zur Sparsamkeit. Zweitens: Die glasige Flüssigkeit bei der Erektion ist eine Gleitflüssigkeit, sie ist nützlich für den Geschlechtsverkehr. Bei Frauen bildet sie sich auch.

»Männer wollen immer nur das Eine«

Dieser Spruch ist so alt, wie es ängstliche Mütter oder noch ängstlichere Großmütter gibt. Gemeint ist: Männer wollen nur ihren Sexualtrieb befriedigen und sonst gar nichts. Aber was heißt hier »nur«? Männern wird üblicherweise eine größere Triebhaftigkeit als Frauen zugeschrieben, da sie häufiger masturbieren. Viele sind auch der Meinung: Männer brauchen das. Wenn sie sich nicht regelmäßig »entladen« können, bekommen sie einen Triebstau. Das ist ein Märchen. Doch viele Männer benutzen dieses Märchen, um Frauen ein schlechtes Gewissen zu machen, um Frauen dazu zu bewegen, nicht nein zu sagen.

**»Die Frauen früher, die waren nicht so cool. Auch der Sommer war irgendwie länger. Das Märchen vom Prinzen war da noch kein Flop, und die Männer rochen was strenger.«
(Ina Deter, Rocksängerin)**

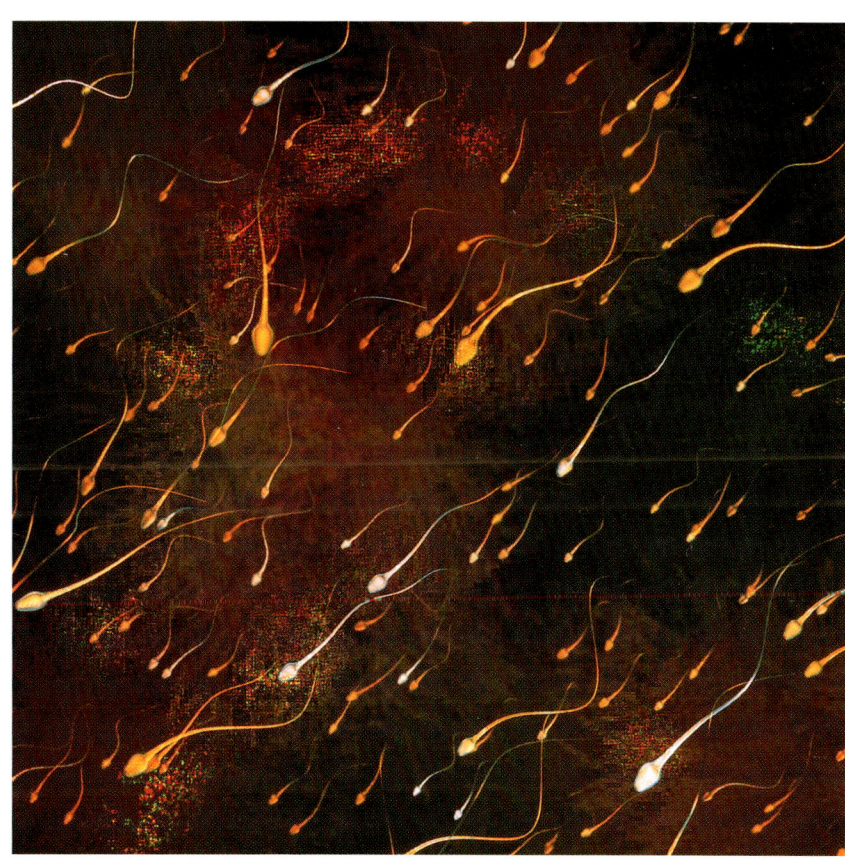

Auch Jungen müssen sich selbst entdecken

Aber so weit ist es noch nicht: Zunächst hat die ganze Entwicklung für Jungen mit Lust zu tun und mit Befriedigung, die sich natürlich auch Jungen selbst verschaf-

Millionen von Spermien werden bei einem Samenerguß freigesetzt. Die Samenzellen haben einen Kopf, ein Mittelstück und einen Schwanz, mit dem sie sich fortbewegen.

Nach neuesten Umfragen finden es 97 Prozent aller Jungen zwischen 14 und 20 ganz in Ordnung, wenn Mädchen den ersten Schritt machen.

fen können. Genausowenig wie Mädchen bekommen Jungen davon Rückenmarksschwund oder Gehirnerweichung. Für Jungen ist Selbstbefriedigung ebenfalls ein Weg, ihren Körper, ihre Lust, ihre Wünsche zunächst in geschütztem Rahmen auszuprobieren. Von dieser Möglichkeit machen sie auch ausgiebig Gebrauch.

Neugierig auf Mädchen

Klar, Jungen wollen irgendwann wissen: Wie ist das denn bei Mädchen? Sie haben Spaß daran, Sprüche zu klopfen und zu »spannen« – das heißt, sie sehen gern zu, wenn Mädchen duschen oder sich umziehen. Mädchen beobachten, auf ihren Busen oder ihren Po gucken und von älteren

Mädchen träumen, weil man bei denen schon mehr sehen kann, das ist für zwölfjährige Jungen sehr bewegend. Allerdings sind die neuen Möglichkeiten auch mit sehr viel Angst verbunden.

Ob Mädchen nicht nur die ganz Coolen, sondern auch die eher Schüchternen mögen, das fragt sich so mancher Junge, bei dem es mit der Rambo-Nummer nicht so richtig klappen will. Solange er das aber nicht weiß, wird ausprobiert oder randaliert oder gelitten. Jungen sind aktiver als Mädchen. Mädchen ziehen sich, wenn sie bei Jungen nicht landen, schnell auf ihre passive Rolle zurück – heißt es in einigen Untersuchungen zum geschlechtsspezifischen Rollenverhalten. Andere meinen, mehr Aktivität bei den Mädchen entdeckt zu haben. Die Initiative beim Sex würden nur noch wenige Mädchen den Jungen überlassen. Abhängig ist das Ganze sicher vom eigenen Selbstbewußtsein – sowohl bei Jungen als auch bei Mädchen.

Jungen klopfen manchmal besonders blöde Sprüche, wenn sie ein Mädchen gut finden. Dahinter steckt oft nur Unsicherheit.

»Auch Schüchterne sind manchmal süß.« - »Nee, das find' ich nicht, das geht mir auf die Nerven.« - »Er muß auch ein bißchen süß aussehen, aber ich glaub', wenn er richtig nett wär', wär' mir das auch egal.« - »Ein Junge müßte lieb, witzig und treu sein.« (Fee und Jana, 13)

»Man muß viele Frösche küssen, um einen Prinzen zu erwischen«, heißt ein Spruch. Also: ausprobieren. Auch Meisterinnen im Märchenprinz-Suchen fallen nicht vom Himmel.

SCHUHWECHSEL

Es gibt eine alte Indianerweisheit: »Urteile nicht über einen Menschen, bevor du nicht mindestens 1000 Schritte in seinen Mokassins gelaufen bist.« Übertragen auf das Machogehabe von Jungen heisst dies – Mädchen sollten ruhig mal testen, wie es ist, wenn Jungen ganz cool wirken wollen. Also: die Schultern nach hinten nehmen, die Arme etwas auseinander, als wäre eine »Rasierklinge« unterm Arm, und den Machogang ausprobieren.

So cool ist das dann alles gar nicht mehr. Und auch Jungen sind meistens gar nicht so cool, wie sie gerne auftreten.

7. Bettgeflüster

VOM ERSTEN MAL

LOLA LUNA: Bei den Chaco-Indianern in Südamerika verbrachte ein neuvermähltes Paar die erste Nacht auf dem Fell einer Stute oder eines Ochsen – mit dem Kopf nach Westen liegend. Die Hochzeitsnacht wurde erst als gültig betrachtet, wenn die aufgehende Sonne die Füße des Paares beschienen hatte.

Ein friedliches Bild aus einer anderen Kultur. Hierzulande flimmern andere Filmszenen vom Sex zu zweit durch die Köpfe: Leidenschaftliche Küsse, die Kleider werden heruntergerissen, das Paar sinkt ins Bett, Körper bewegen sich ekstatisch, Stöhnen, Großaufnahme der erschöpften strahlenden Gesichter. Schnitt ... Aufregend und perfekt wie die erotischen Fotos in den Illustrierten. Für die meisten Mädchen sieht die Wirklichkeit allerdings anders aus. Sie fragen sich eher:

Kenne ich meinen Freund lange genug? Möchte ich nicht eigentlich lieber noch eine Zeitlang mit ihm schmusen, mich an das gemeinsame Nacktsein, an die Nähe gewöhnen? Was ist mit Verhütung? Wo können wir überhaupt ungestört sein? Will ich das »erste Mal« hinter mich bringen, weil ich die letzte in der Clique bin, die noch nicht gebumst hat?

Wann, wo, wie?

»Die Liebe besteht zu drei Vierteln aus Neugier«, schrieb Casanova, ein Mann, der es wissen mußte; schließlich ist er noch heute für seine Affären und Abenteuer berühmt. Damit sagt Casanova aber auch, daß es für die Liebe keine Patentrezepte gibt, daß niemand genau sagen kann, wann und wie es sein soll – auch wenn Statistiken oder Sexratgeber einem das bisweilen vorgaukeln wollen.

Es ist manchmal schwierig, den eigenen Gefühlen zu vertrauen, wenn

Der bekannteste Verführer der Weltgeschichte: zeitgenössischer Kupferstich von Giacomo Casanova (1725–1798).

83

Die körperliche Entwicklung ist noch kein Grund dafür, daß man jetzt Sex haben muß – auch das Gefühl muß stimmen.

rundherum Klischees und Erwartungen durch den Raum schweben – ausgesprochen und unausgesprochen: Die Mutter druckst rum und traut sich nicht so recht, das Wissen über Verhütung abzufragen. Freundinnen schwärmen von ihrem »ersten Mal«, und es klingt wie im Roman. Manche Jungen tuscheln über ein Mädchen, es sei zickig und wolle wohl als »alte Jungfer« enden.

U nd sogar die beste Freundin stellt einem Fangfragen: »Jetzt bist du doch schon ein halbes Jahr mit Michael zusammen ...«

Laut Untersuchungen haben ein Viertel der Mädchen und ein Fünftel der Jungen mit 15 Jahren den ersten Geschlechtsverkehr – mit 18 Jahren sind es dann über die Hälfte. Doch jedes Mädchen sollte sich individuell entscheiden – Statistiken nützen da wenig.

»Das erste Mal war lustig. Wir waren fünf Monate zusammen, er hat gedrängelt. Wir hatten vorher totales Vertrauen, so daß wir über alles geredet haben. Wir waren beide 15. Irgendwann wollte ich auch, dann habe ich ja gesagt. Bei ihm hatten wir unsere Ruhe, bei mir kam ständig jemand rein. Das war genau am 3. Oktober, dem Tag der deutschen Einheit. Da dachten wir, wir sollten uns auch vereinigen. Es war geplant, und das sollte man auch. Ich habe Kondome gekauft. Wir hatten vorher schon zusammen im Bett gelegen und Petting gemacht. Es hat nicht so geklappt, es hat weh getan, dann haben wir irgendwann aufgehört. Ein paar Tage später, am 6. Oktober, das war ein Samstag – solche Tage merke ich mir –, haben wir es dann noch einmal gemacht.« (Eva, 19)

Lampenfieber gehört dazu

Wer Glück hat, hört noch mehr solche Erfahrungen, die nicht vertuschen, daß Lampenfieber beim »ersten Mal« dazugehört – bei Jungen wie bei Mädchen. Da kann es komische Szenen geben, die leider nicht verfilmt werden: Das Glied des Jungen schrumpft, wenn er das Kondom überstreifen will. Das Zelt kracht ausgerechnet dann zusammen, oder die Mutter klopft an und will ein Schälchen Erdnüsse bringen. »Such is live« – und wer solche Szenen mit einem gemeinsamen Grinsen oder einem gelassenen Kuscheln übersteht, hat gute Karten.

Probieren geht über studieren

Wer schon den eigenen Körper und den des Freundes erforscht hat, wird auch beim Bumsen, Vögeln oder – vornehm ausgedrückt – beim Geschlechtsverkehr zeigen und sagen, was schön und was unangenehm ist. Daß es sich dabei zunächst um ein Ausprobieren und auch um ein Spiel handelt, steht sogar in den Eheratgebern aus früheren Zeiten. Vom »Vorspiel« ist da die Rede, wenn es um das spielerische Streicheln, Lecken, Küssen geht. Bei Jungen wird dann der Penis dicker und richtet sich auf. Bei Mädchen schwellen Kitzler und Schamlippen an, und die Scheide wird feucht, so daß das Glied leicht hineinrutschen kann – auch wenn da noch ein kleines Häutchen ist, das es etwas behindert.

Beim Liebesspiel ist das Spiel sehr wichtig. Wer spielerisch sein kann, hat schon fast gewonnen.

Keine Angst vor der Entjungferung

Beim ersten Geschlechtsverkehr reißt bei Mädchen das Jungfernhäutchen, das die Scheide teilweise verschließt. Das schmerzt etwas, manchmal blutet es ein wenig, manchmal auch nicht. Auf jeden Fall ist es kein Drama. Viel dramatischer ist die Bedeutung, die diese Entjungferung in vielen Kulturen gehabt hat oder auch heute immer noch hat.

In einigen Kulturen spielt die Jungfräulichkeit der Braut noch eine enorme Rolle, beispielsweise in Indien. Die gelbe Farbe des Saris bedeutet (Kinder-) Reichtum und Glück.

LOLA LUNA: In islamisch-arabischen Ländern wartet die Familie des Mannes in der Hochzeitsnacht so lange vor der Tür der Brautleute, bis sie das blutbefleckte Leintuch wie eine Trophäe entgegennehmen kann. Einem Mädchen, daß nicht jungfräulich geblieben ist, droht eine harte Bestrafung: Wenn die Sache bei der Hochzeit herauskommt, verfällt die Braut moralischer Ächtung – auf jeden Fall muß sie mit einer Scheidung rechnen.

Auch in unserer christlichen Kultur hat die Jungfräulichkeit eine große Rolle gespielt – wie am Beispiel der Jungfrau Maria deutlich wird. Es bildeten sich zwei »anständige« Frauentypen heraus: Jungfrau und Mutter. Im Gegensatz dazu gab es die »unanständigen« Frauen, die Huren. So kam einem kleinen Stückchen Haut eine große Bedeutung zu. Tatsache ist allerdings, daß die Sache mit dem Jungfernhäutchen so verschieden ist wie die Haarfarbe oder die Körpergröße.

Statistisch gesehen...

kommen 11 Prozent aller Mädchen mit einem dehnbaren Hymen zur Welt, 17 Prozent mit einem Hymen, das sehr dünn ist und leicht zerreißen kann, 31 Prozent mit einem festen elastischen Hymen – und nur 41 Prozent besitzen ein Jungfernhäutchen, das man als normal bezeichnen kann.

Geplant oder spontan?

Wer alles perfekt für das erste Mal plant, wird mit Sicherheit baden gehen. Besser ist die Einstellung: Wir sind uns jetzt schon sehr nahegekommen, und die Angst, daß wir uns verletzen könnten oder der eine den anderen unterkriegen will, ist weg. Da haben wir schon Lust auf mehr. Und am Samstag wäre eine gute Gelegenheit. Vielleicht ... Das Gegenbeispiel dazu kennen viele aus Romanen – den »Spon-

Beispiel durch einen Schwips. Es kommt zum Sex mit dem Jungen, der das Mädchen gerade erst angemacht hat. Oder den das Mädchen selbst den ganzen Abend »belagert« hat. Nur: Gerade beim ersten Mal kann die Katerstimmung fatal sein. Denn manchmal gibt es danach keine weitere Beziehung mehr, es war vielleicht enttäuschend, womöglich hat er kein Kondom benutzt oder das Mädchen kein Verhütungsmittel…

Planen heißt nicht, ein Datum im Terminkalender ankreuzen, sondern nur: sich darauf einstellen, daß es in der nächsten Zeit passieren könnte.

tan-Fick«, wie ihn die amerikanische Autorin Erica Jong zum Beispiel in »Angst vorm Fliegen« beschreibt: in einem Zugabteil, mit einem Fremden, in einem langen dunklen Tunnel. Für Mädchen wohl realistischer: Es kann auf einer Fete sein oder in einem Zeltlager, vielleicht ist man »angetörnt«, zum

Beim ersten Mal schon verhüten?

Mancher Junge kriegt einen Schock, wenn er in der Tasche seiner Freundin ein Kondom entdeckt. Wo sie doch erzählt hat, daß sie noch nie mit einem Jungen geschlafen hat. Dabei ist beiden klar, daß auch schon beim ersten Mal ein Kind ge-

Auf alle Fälle cool. Discos sind Tummelplätze für den schnellen Flirt. Schnell kann der Traum platzen, daß daraus mehr wird.

zeugt werden kann. Leider sind noch immer Märchen verbreitet, daß nichts passieren würde, wenn das Glied rechtzeitig vor dem Samenerguß herausgezogen wird. Der Fachausdruck dafür heißt Koitus Interruptus (unterbrochener Geschlechtsverkehr). Doch der unterbrochene Geschlechtsverkehr ist eine sehr unsichere Verhütungsmethode – vor allem beim ersten Mal. Auch schon vor dem Samenerguß können Spermien – durch den Austritt der sogenannten Sehnsuchtstropfen – in die Scheide gelangen.

Der Koitus Interruptus hat eine Versagerrate von 25 Prozent (höher liegt nur noch der ungeschützte Verkehr mit 60 bis 80 Prozent).

R omantik und Liebe bedeuten nicht, daß die Vernunft ausgeschaltet wird. Es gehört einfach dazu, miteinander über Verhütung zu reden. (Welche Möglichkeiten es gibt, darüber informiert das 8. Kapitel.) Wichtig ist dabei, daß Angst die Lust und den Spaß am Sex blockieren kann. Ein gutes Argument dafür, schon mal beim Schmusen mit Kondomen herumzuspielen und sich daran zu gewöhnen.

Madonna geht ran. In Uli Edels Film »Body of Evidence« verführt sie Willem Dafoe.

Feuerwerk oder Eisberg?

Ekstase, Stöhnen, Stammeln, Schreie – im Film klappt es immer mit dem Orgasmus. Muskelentspannungen auf dem Höhepunkt sexueller Erregung – das klingt wesentlich nüchterner, meint aber dasselbe. Beim Mann ist das alles einfach und meßbar: Beim Orgasmus werden seine Samenzellen herausgeschleudert. Aber bei Frauen? Der lustigste Orgasmus ist sicher derjenige aus dem Film »Harry und Sally«: Sally sitzt mit Harry in einem Restaurant und stöhnt sich laut und lustvoll bis zum Höhepunkt. Eine ältere Dame will daraufhin das gleiche wie Sally essen – warum wohl? Dabei wollte Sally Harry nur beweisen, wie leicht sich ein Orgasmus vortäuschen läßt.

Vielleicht ist es einfach so wie mit einem guten Essen: Wer nur daran denkt, daß es dick macht, wer sich erst überlegt, ob er jetzt den Teller voller Genuß leerkratzen darf oder nicht, ob die Zutaten auch wirklich ohne Schadstoffe sind und ob ein Rohkostsalat nicht gesünder wäre – der wird das Essen nicht in vollen Zügen genießen können. Und wer fürchtet, schwanger zu werden, wer zweifelt, ob es der richtige Mann ist, und wer sich verkrampft, weil alles zu schnell geht – der wird Sex nicht genießen können. Denn zum Genuß und zum Höhepunkt gehört es, sich den Lustgefühlen völlig hinzugeben, auf den Wellen mitzuschaukeln.

Kein Streß!

Ein Orgasmus ist keine Leistung, die durch Kontrolle im Kopf und durch bestimmte Techniken produziert werden kann. Der Sex muß Spaß machen – und was alles Spaß macht, läßt sich bereits durch die Selbstbefriedigung herausfinden.

Orgasmus – vaginal oder klitoral?

Die Fachwelt ist umgeschwenkt. Früher galt der vaginale Orgasmus als »reifer« weiblicher Orgasmus. Mittlerweile gilt: Im Innern der Scheide gibt es keine berührungsempfindlichen Nerven (deswegen spürt man auch ein Tampon nicht); nur am Scheideneingang befindet sich Nervengewebe. Wie also soll der vaginale Orgasmus ohne Ner-

ven überhaupt funktionieren? Die meisten Sexualforscher vertreten die Ansicht, daß der Orgasmus vor allem klitoral – also über die direkte oder indirekte Stimulierung der Klitoris – hervorgerufen wird. Soweit die Wissenschaft. Doch Frauen haben schon immer ganz unterschiedliche Erlebnisse gehabt. Der Orgasmus ist von Mädchen zu Mädchen, Frau zu Frau, Mal zu Mal unterschiedlich. Und er wird auch ganz unterschiedlich wahrgenommen.

»Hat euch schon mal jemand einen Seidenschal unglaublich langsam über den Bauch gezogen oder mit einem Federwisch euren Rücken und Hintern bearbeitet, bis ihr vor Wonne fast gestorben seid?« fragt eine Frau im Buch der amerikanischen Sextherapeutin Gina Ogden über weibliche Orgasmuserfahrungen: »Wir kommen zu dem Schluß, daß es weit mehr Dinge zwischen Himmel und Erde gibt, die im Bett sensationeller sind als selbst der geschickteste Penis. Ein Penis kann pochen, stoßen, pulsieren, sägen, hämmern, mahlen, ejakulieren, manchmal sogar liebkosen, aber er kann nicht saugen, lecken, nibbeln, schlagen, eine Ganzkörpermassage

Mädchen und Frauen brauchen normalerweise mehr Zeit als ein Mann, um den Höhepunkt zu erreichen – eine Tatsache, die beim Liebesspiel beachtet werden muß. Und: Frauen müssen Männern sagen, was ihnen Spaß macht – denn Männer wissen das nicht unbedingt von selbst.

Begierde und Lust – das ist weit mehr als der Geschlechtsverkehr nach Schema F. Phantasie ist gefragt. Nur das, was der/die andere nicht mag, ist tabu.

Auch manche Frauen haben beim Orgasmus eine Art Ejakulation. Sie stoßen eine Substanz aus, eine farblose bis weißliche Flüssigkeit, die von der Menge her ungefähr dem männlichen Samenerguß entspricht. Produziert wird sie von kleinen Drüsen in der Nähe der Harnröhre.

geben, wie Federn kitzeln oder eine Stunde lang vibrieren.«

Deshalb ist auch der Streit der Wissenschaftler um vaginale oder klitorale Orgasmen für die Lust am Sex eher belanglos. Denn wie gesagt: Probieren geht über Studieren.

Probleme machen können aber Meinungen wie die, daß der gemeinsame, also der zeitgleiche Orgasmus ein Beweis wirklicher Liebe sei. Dabei kann es genauso geil sein, nacheinander den Orgasmus zu erleben. Einmal so – und dann wieder anders. Nicht normierbar, nicht beschreibbar – und auch nicht für alle gültig. Aber in Bildern und Gefühlen erlebbar, die bei jedem Mädchen und jeder Frau anders sind.

eine Erfindung problembeladener Männer. Die Schimpfwörter sagen mehr über den, der sie äußert, als über die Beschimpfte. Jungen paßt möglicherweise die Art des Mädchens nicht; vielleicht würden sie gerne mit ihr schlafen und sind sauer, daß das Mädchen nicht auf sie abfährt. Oder sie schämen sich, weil sie mitgekriegt haben, daß das Mädchen keinen Orgasmus hatte. Dann ist es natürlich einfacher, rumzumosern, statt darüber zu reden.

Frauen wurde und wird oft vorgeworfen, daß sie gefühlskalt (frigide) seien. Dieses Wort sollte man allmählich aus dem Wörterbuch streichen. Frauen sind auch nicht »zickig«, sie reagieren nur anders als Männer.

Es gibt keine Orgasmus-Pflicht

»Du Eisberg« oder »frigide Kuh« – solche Beschimpfungen braucht keine auf sich sitzen zu lassen. Frigidität (Gefühlskälte) – das ist eher

Es geht mit und ohne

Jedes Mädchen und jede Frau haben ein Recht auf guten Sex, auf ihre Lust und auf ihren Orgasmus. Aber sie haben nicht die Pflicht, auf Biegen und Brechen einen zu bekommen.

Es gibt Sexualpraktiken, die in bezug auf Aids ein höheres Ansteckungsrisiko haben. Nicht nur der »normale« Geschlechtsverkehr, sondern auch Analverkehr und Fellatio sollten mit einem Kondom ausgeführt werden.

Total normal oder völlig pervers?

Wer pervers ist, also »verdreht«, das bestimmt die Mehrheit, die »Normalen«, die andere in solche Schubladen stecken. Selbstbefriedigung galt früher als »pervers« und krankhaft. In anderen Kulturen ist es bis heute »pervers«, die Scheide oder das Glied zu küssen. Der Begriff ist mittlerweile völlig aufgeweicht. Normal war dagegen hierzulande die sogenannte Missionarsstellung, bei der die Frau beim Geschlechtsverkehr unten und der Mann oben liegt. Auch das hat sich stark verändert. Viele Männer genießen es, unten zu liegen – und das hat mit »pervers« überhaupt nichts zu tun.

LOLA LUNA: Die Missionarsstellung heißt vermutlich so, weil die Menschen auf einer Insel im Pazifischen Ozean sie bei christlichen Missionaren und deren Ehefrauen beobachteten. Bei den Insulanern war es im Gegensatz zu den Fremden »normal«, daß die Frau beim Geschlechtsverkehr auf dem Mann lag oder saß. Die umgekehrte Position empfanden diese Menschen als »verkehrt«.

Oralverkehr

Das sind sexuelle Praktiken mit dem Mund. Das lateinische Wort **Cunnilingus** bedeutet, daß die Geschlechtsorgane der Frau oder des Mädchens mit Mund oder Zunge berührt werden. **Fellatio** (umgangssprachlich: Blasen) ist das Lecken oder Saugen des Penis. Oralverkehr kann aufregend sein, weil durch die feuchte Zunge die Klitoris sehr sanft berührt werden kann. Das kann auch helfen, wenn die Scheide trocken und der Koitus noch nicht möglich ist.

Analverkehr

Das heißt, daß der Penis in den After der Frau (oder eines anderen Mannes) eingeführt wird. Der Darm- und Afterbereich besitzt Gewebe, das sehr empfindlich und leicht verletzlich ist. Deshalb sollten eine Gleitcreme und auch ein Kondom benutzt werden. Manche Frauen lehnen Analverkehr ganz ab. Andere finden es aufregend, zwar keinen Analverkehr zu haben, aber zum Beispiel mit dem Finger dort gestreichelt zu werden.

Nein heißt Nein

Nicht nur, aber besonders beim Sex gilt: Ein Nein ist ein Nein. Noch immer schwirren Machosprüche durch manche Köpfe: Wenn eine Frau nein sagt, meint sie eigentlich ja. Sie ziert sich nur und will letztlich mit Gewalt erobert werden. Ein solches Verhalten ist – quer durch alle Kulturen – nichts als Verachtung, Ausbeutung, Gewaltanwendung. Und dafür paßt eigentlich das Wort »pervers« ganz gut. Es ist eine Verdrehung dessen, was ein Mädchen oder eine Frau wollen. Solche Anmachversuche braucht sich keine gefallen zu lassen! (Im 10. Kapitel gibt es Tips, wie sich Mädchen wirksam zur Wehr setzen können.)

Manche Frauen können mehrere Orgasmen hintereinander haben. Doch auch das ist kein Pflichtprogramm. Wichtig ist, daß sich Frauen befriedigt und entspannt fühlen – und das kann auch ohne Orgasmus der Fall sein.

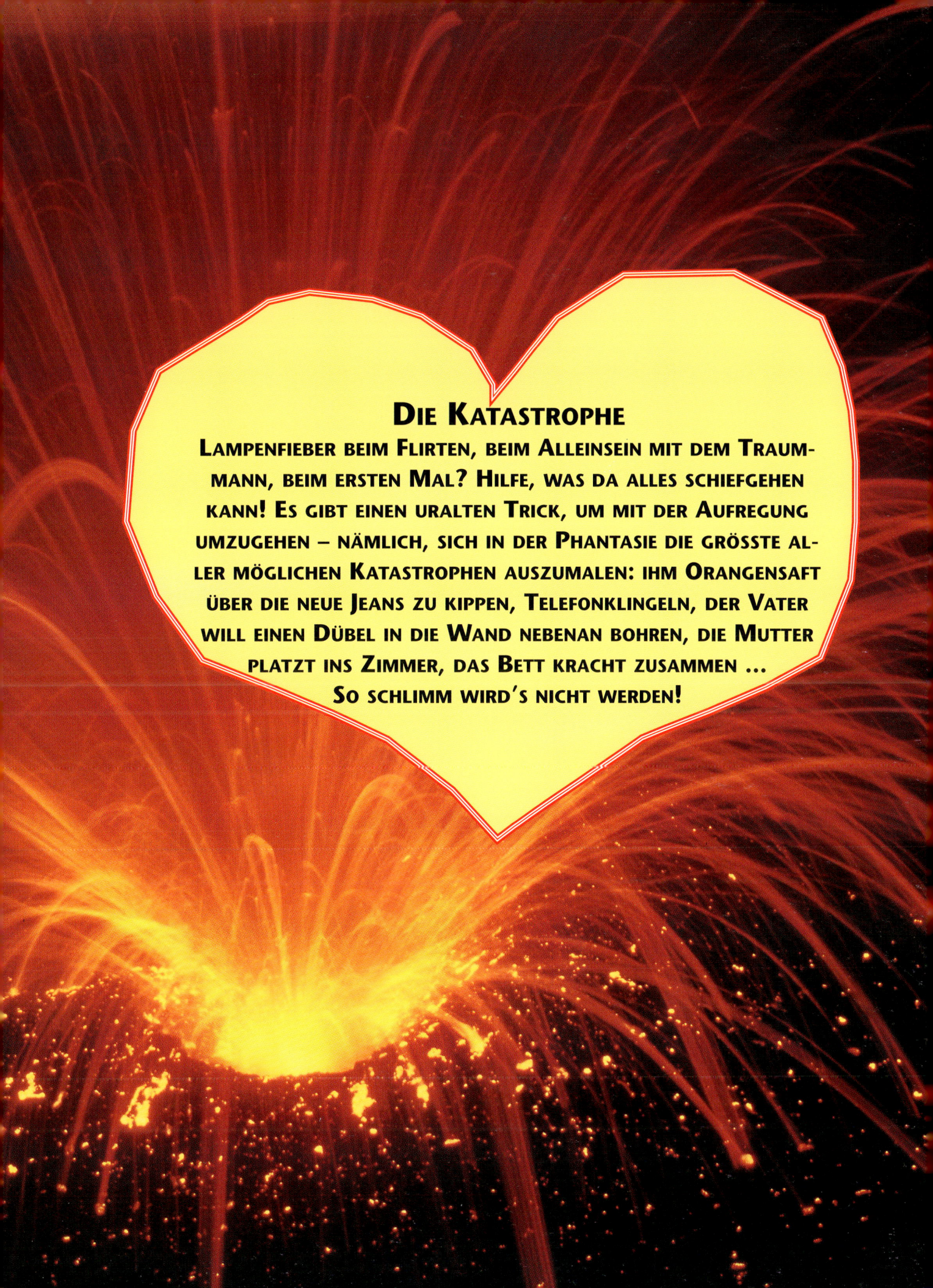

DIE KATASTROPHE

LAMPENFIEBER BEIM FLIRTEN, BEIM ALLEINSEIN MIT DEM TRAUM-MANN, BEIM ERSTEN MAL? HILFE, WAS DA ALLES SCHIEFGEHEN KANN! ES GIBT EINEN URALTEN TRICK, UM MIT DER AUFREGUNG UMZUGEHEN – NÄMLICH, SICH IN DER PHANTASIE DIE GRÖSSTE AL-LER MÖGLICHEN KATASTROPHEN AUSZUMALEN: IHM ORANGENSAFT ÜBER DIE NEUE JEANS ZU KIPPEN, TELEFONKLINGELN, DER VATER WILL EINEN DÜBEL IN DIE WAND NEBENAN BOHREN, DIE MUTTER PLATZT INS ZIMMER, DAS BETT KRACHT ZUSAMMEN ...
SO SCHLIMM WIRD'S NICHT WERDEN!

Pariser, Pille
8. und Phantasie
GESCHÜTZTE LIEBE

LOLA LUNA: In der Mitte des 17. Jahrhunderts wurden die ersten Kondome aus den Blinddärmen von Schafen hergestellt. Woher das Wort stammt, ist übrigens unbekannt. Die Marquise de Sévigné schrieb 1671 ihrer Tochter, daß »das Kondom ein Bollwerk gegen die Lust, aber nur ein Spinnweb gegen die Gefahr« sei.

Mit der Gefahr meinte sie wohl die Geschlechtskrankeit Syphilis. Im 19. Jahrhundert gab es die ersten Kondome aus Kautschuk, seit den dreißiger Jahren dann die ganz dünnen Gummis aus Latex. »Pariser« heißen Kondome, weil sie früher aus Paris geliefert wurden.

»Komm mir nicht mit einem Kind nach Hause« – diese Warnung mußten sich Mädchen schon immer anhören. In den letzten Jahren ist noch eine Warnung hinzugekommen: »Gib Aids keine Chance.« Aber wenn Mädchen die Pille nehmen wollen oder mit einem Kondom in der Tasche herumspazieren, dann gelten sie als »frühreif«. Doch darüber sollten sich Mädchen selbstbewußt hinwegsetzen. Denn wer die verschiedenen Möglichkeiten der Empfängnisverhütung kennt, hat die Nase vorn. Ein Mädchen kann sich dann viel leichter entscheiden, was sie will und was für sie geeignet ist.

Das Kondom

Es wird auch Präservativ oder Pariser genannt. Die dünne Gummihülle fängt die Samen auf und schützt vor sexuell übertragbaren Krankheiten, zum Beispiel vor Aids – das ist die Abkürzung für »Acquired Immune Deficiency Syndrome« (erworbene Immunschwäche). Allerdings sollten Jungen vorher üben, wie sie das Kondom über das steife Glied streifen. Für das Sperma muß genügend Platz im vorderen Teil sein. Und: Beim Überstreifen darf

Im Vergleich zu früher sind Kondome viel »gefühlsechter« geworden. Manche Männer benützen sie gern. Es gibt ihnen einen zusätzlichen Kick.

Schützt vor Schwangerschaft und Geschlechtskrankheiten: das Kondom.

der dünne Gummi nicht durch die Fingernägel beschädigt werden. Nach dem Samenguß und bevor das Glied schlaff wird, muß es aus der Scheide gezogen werden, damit keine Samenflüssigkeit in die Scheide gerät. Wichtig: Beim Herausziehen das Kondom am Rand festhalten.

»Ich sammle Kondome. Zuerst hatte ich die in einer kleinen Dose, dann habe ich sie in einen Bilderrahmen gesteckt.« (Eva, 19)

Kondome gibt's (fast) überall

Kaufen kann man Kondome in Apotheken, Drogerien, manchen Supermärkten, im Versandhandel oder aus dem Automaten

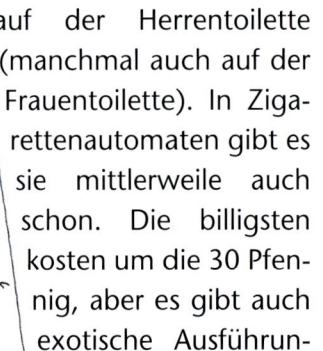

auf der Herrentoilette (manchmal auch auf der Frauentoilette). In Zigarettenautomaten gibt es sie mittlerweile auch schon. Die billigsten kosten um die 30 Pfennig, aber es gibt auch exotische Ausführun-

gen, zum Beispiel in eigenen »Kondom-Läden«. Weiterer Vorteil: Pariser sind in der (Jacken-)Tasche immer griffbereit.

»Das war total lustig, mit den Kondomen rumzumachen. Wir haben bestimmt acht Kondome verbraucht. Das ging so: >Meinste, der ist dicht?< – >Och, ich weiß nicht, laß uns lieber 'nen anderen nehmen.< – Ich hatte einmal Angst, schwanger zu sein. Da hatten wir mit Kondom geschlafen, und als wir aufgehört haben, ist das so abgerutscht.« (Eva, 19)

Vor- und Nachteile

Das Tolle an Kondomen ist, daß sie – bei richtiger Anwendung – sehr sicher sind und keine Nebenwirkungen haben. Allerdings muß darauf geachtet werden, daß sie eine samentötende Beschichtung haben, unbeschädigt sind, das Haltbarkeitsdatum nicht abgelaufen ist und sie nicht zu lange in der Sonne gelegen haben und Risse aufweisen.

Das Kondom ist nach wie vor das einzige Verhütungsmittel, bei dem die Frau nicht die ganze Verantwortung trägt. Aber manche Männer und auch Jungen tun sich schwer damit. »Gefühlstöter« seien das, behaupten sie. Andere Männer erzählen dagegen, daß es einfach eine Sache der Übung sei; beim Sex würden sie den Gummi ganz »vergessen«. Manche finden es sogar besonders lustvoll. Und: Seit dem Auftauchen von Aids sind Männer auch verantwortungsbewußter geworden.

(1) Die Verpackungshülle vorsichtig aufreißen. Das Kondom darf nicht aufgeritzt werden.

(2) Ganz wichtig ist, daß am oberen Ende ein genügend großer Hohlraum für das Sperma bleibt. Dazu drückt man vor dem Überstreifen die Spitze des Kondoms mit zwei Fingern zusammen.

(3) Dann wird das Kondom über den Penis abgerollt.

(4) Das Kondom ganz ausrollen und nach dem Samenguß, beim Rausziehen des Gliedes aus der Scheide, unbedingt festhalten.

Die Pille

Die Erfindung der Antibabypille vor über 30 Jahren war so etwas wie eine Revolution, eine Befreiung für die Frauen, die nun mit Hilfe eines hormonellen Mittels wirklich unabhängig vom Partner verhüten konnten.

Als eigentlicher Erfinder der Pille gilt Dr. Gregory Pincus, der bereits 1951 eine großangelegte Studie über hormonelle Verhütung startete. Die ersten Pillen, die dann in Puerto Rico erprobt wurden, enthielten noch sehr hohe Hormondosen – doch der Anfang für die Antibabypille war damit gemacht. Die Dosen wurden stark vermindert, und 1961 kam die erste Pille

LOLA LUNA:
Die Geschichte der Pille begann eigentlich schon im Jahr 1939. Damals entdeckte der amerikanische Chemiker Dr. Russel E. Marker, daß die mexikanischen Indianerfrauen auf natürliche Weise Verhütung betrieben, indem sie Jamswurzeln kauten. Jamsknollen enthalten einen Hormonvorläufer namens Diosgenin. Auch heute noch liefert die Natur den Rohstoff für einige Pillenarten. Aus den Jamswurzeln wird beispielsweise das Gestagen Desogestrel isoliert.

Die Pille bietet den sichersten Verhütungsschutz. Junge Mädchen sollten sie aber nur aus freien Stücken nehmen, nicht weil Mutter, Vater, Freund oder sonst jemand sie dazu drängt.

Die Pille ist nach wie vor das beliebteste Verhütungsmittel in Deutschland; über die Hälfte der Frauen im gebärfähigen Alter nehmen sie.

in der Bundesrepublik Deutschland auf den Markt.

Die Pille enthält üblicherweise eine Kombination der Hormone Östrogen und Gestagen und verhindert das Heranreifen von Eizellen. Es gibt allerdings ganz unterschiedliche Pillenarten:

Die **Einphasenpille** als einfachste und sicherste Methode wird 21 Tage lang eingenommen und ent-

Generell kann man sagen, daß die Pille die Hormonbildung der zweiten Zyklushälfte nachahmt; der gleichbleibende Hormonspiegel im Blut unterdrückt den Wachstumsimpuls für die Eizellen und damit auch den Eisprung.

Nach 21 Tagen Pilleneinnahme wird sieben Tage lang pausiert, und in dieser Zeit kommt es durch den Entzug der Hormone zu einer Blutung.

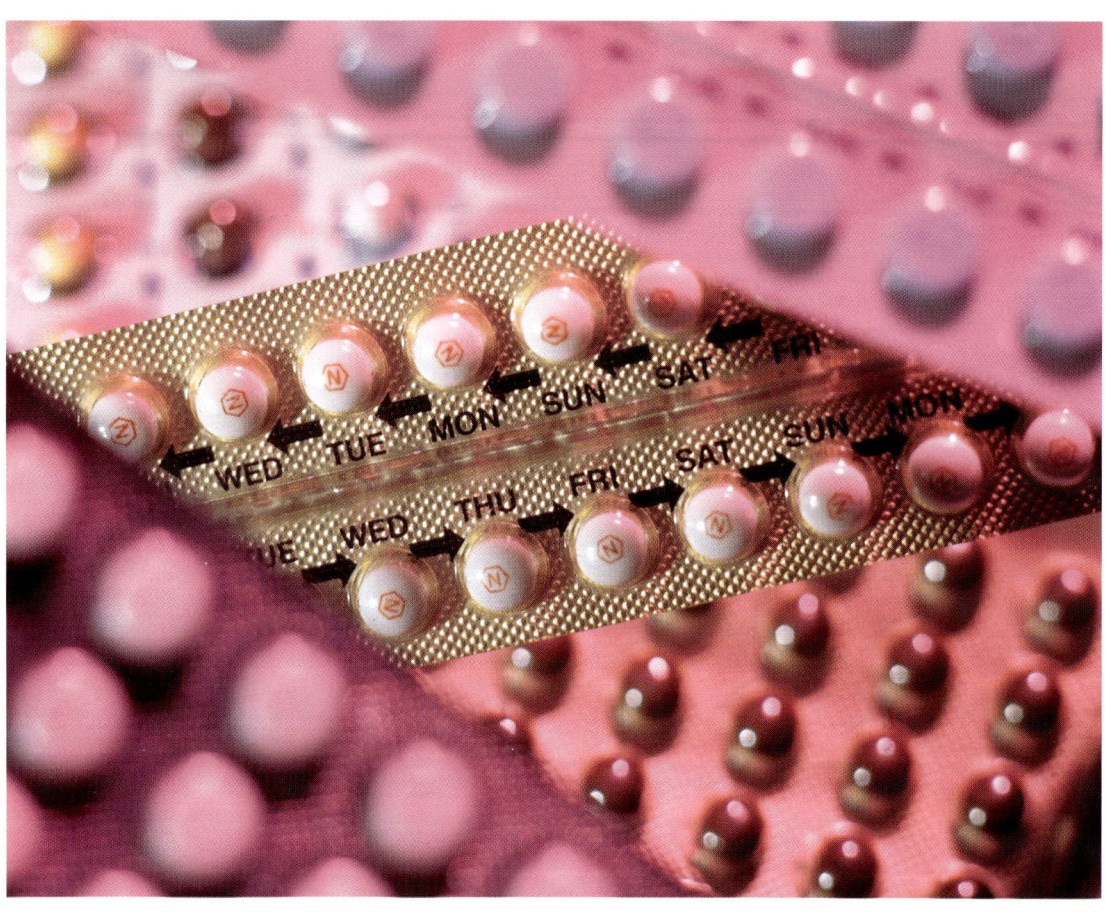

hält in jeder Tablette die gleiche Dosierung von Östrogen und Gestagen. Das Östrogen verhindert sowohl den Eisprung als auch Zwischenblutungen, das Gestagen macht noch zusätzlich den Schleimpropfen vor dem Muttermund für Spermien undurchlässig.

Zweiphasenpillen oder **Dreistufenpillen** passen sich mit unterschiedlich starken Dosierungen der Hormone dem natürlichen Monatszyklus an.

Mit der Pille ist es am Anfang wie mit der Menstruation: Wenn ein Mädchen die Pille nimmt, gehört sie dazu. Aber sie ist auch selbstbestimmt, unabhängig, in Situationen, in denen sie es nicht schafft, über Verhütung zu sprechen, und auch der Junge es nicht tut. (Natürlich ersetzt die Pille kein Kondom.) Wichtig ist, daß ein Mädchen die Pille aus freien Stücken nimmt und nicht, weil Mutter, Vater, Freund oder sonst jemand es will.

Die Risiken sind bei allen Pillen gleich. Die Verträglichkeit ist von Frau zu Frau verschieden, abhängig von Konstitution, Hauttyp und ähnlichem. Hat ein Mädchen sich für die Pille entschieden, wird sie in der Regel zunächst eine sogenannte **Mikropille** verschrieben bekommen, also eine Pille mit einem modernen Gestagen und einer möglichst niedrigen Östrogendosis. Aus medizinischen Gründen kann auch einmal eine höher dosierte Pille empfohlen werden.

Wichtig

Bei den Mehrphasenpillen muß unbedingt die auf der Verpackung angegebene Reihenfolge bei der täglichen Einnahme eingehalten werden. Vor allem die Dreistufenpräparate sind bei den Hormonmengen noch stärker am Zyklus orientiert, und deshalb können schon kleine Fehler bei der Einnahme die Verhütungswirkung außer Kraft setzen.

Die **Minipille** enthält nur Gestagen, verhindert also nicht den Eisprung. Das Gestagen macht den Schleim im Gebärmutterhals für Spermien undurchlässig. Die Tabletten müssen 35 Tage lang immer zum gleichen Zeitpunkt – mit einem Spielraum von höchstens drei Stunden – eingenommen werden. Einnahmefehler schlagen also noch mehr zu Buche als bei den anderen Pillenpräparaten.

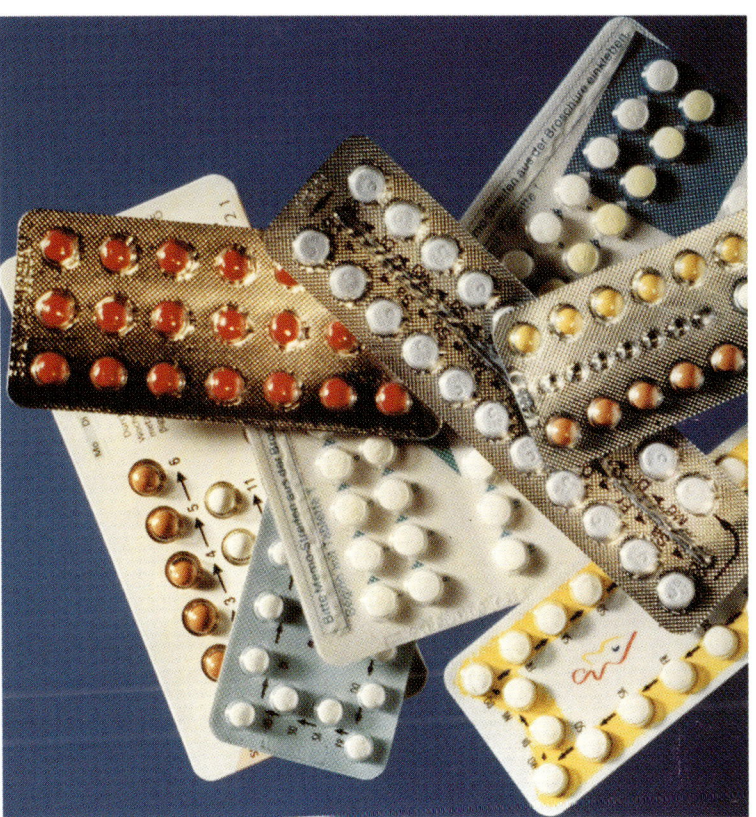

Wo gibt's die Pille?

Pillenpräparate werden von der Frauenärztin oder dem Frauenarzt verschrieben. Es kann am Anfang der Einnahme bei manchen Mädchen zu Spannungsgefühlen in der Brust, Kopfschmerzen oder leichten Blutungen kommen. Auch das Gewicht kann geringfügig zunehmen. Raucherinnen müssen besonders aufpassen, wenn sie die Pille nehmen. Besser ist es, nicht zu rauchen, denn Herzinfarkt- und Thrombosenrisiko erhöhen sich mit zunehmendem Alter.

Zunächst sollte einem Mädchen das Pillenpräparat mit der niedrigsten Östrogendosis verschrieben werden. Allerdings kann die optimale Dosis von Mädchen zu Mädchen variieren.

Zur Zeit gibt es Experimente mit Pillen, die aus natürlichen Hormonen zusammengesetzt sind; die meisten der heutigen Präparate enthalten synthetisch hergestellte Hormone.

Neben ihrem verhütenden Aspekt haben Pillen auch verschiedene positive Wirkungen auf den Körper (Schutz vor bestimmten Krebsformen, Zyklusregulation, geringere Häufigkeit von Eierstockzysten etc.).

Wenn bestimmte Medikamente (etwa Antibiotika) zusätzlich zur Pille eingenommen werden, kann das die Verhütungswirkung herabsetzen.

Vor- und Nachteile

Für viele Mädchen ist die Pille auf den ersten Blick ideal – auch die Tatsache, daß die Krankenkassen bis zum 20. Lebensjahr die Kosten übernehmen, ist ein wichtiger Punkt. (Die Kosten werden bis zum Festbetrag übernommen.) Anderen ist es unbehaglich bei dem Gedanken, jeden Tag »Chemie zu schlucken«. Besonders dann, wenn sie nicht so häufig und regelmäßig mit einem Jungen schlafen. In diesem Fall müssen sich beide – Junge und Mädchen – darüber klarwerden, ob es fair ist, die ganze Verantwortung für die Verhütung dem Mädchen anzulasten.

Die Pille ist das sicherste Verhütungsmittel überhaupt. Zu einer Schwangerschaft kann es eigentlich nur aufgrund von Einnahmefehlern kommen – oder wenn körperliche Störungen wie Erbrechen und/oder Durchfall vorliegen. Wenn man die Einnahme mal vergessen hat, muß auf jeden Fall der Rest der Packung weiter eingenommen werden. Sofern die vergessene Pille nicht innerhalb der folgenden zwölf Stunden nach dem üblichen Einnahmetermin doch noch genommen wurde (gilt nur für Kombinationspräparate), müssen zusätzlich noch andere Verhütungsmittel angewandt werden.

»Ich habe eine Freundin, die schon mit einem Jungen schläft. Die macht nichts mit Verhütung. Das finde ich nicht gut.«
(Johanna, 15)

Das Diaphragma

Das Diaphragma (oder Scheidenpessar) sieht aus wie ein kleiner Gummihut mit einem elastischen Rand und versperrt den Zugang zum Gebärmutterhals. Es wird mit einer samenabtötenden Creme oder einem Gel bestrichen und frühestens zwei Stunden vor dem Sex in die Scheide eingesetzt. Nach dem Geschlechtsverkehr muß es noch mindestens sechs Stunden in der Scheide bleiben. Und wer mehrmals hintereinander Sex hat, muß jedes Mal zusätzlich noch etwas Creme oder Gel in die Vagina einführen.

Wo gibt's denn das?

Das Diaphragma ist zwischen 55 und 105 Millimeter groß und wird in einer Arztpraxis oder in einem Frauengesundheitszentrum angepaßt. Bei Mädchen muß – wegen des Wachstums – die Größe jedes halbe Jahr kontrolliert werden. Ansonsten hält dieser »Gummi« etwa zwei Jahre.

Vor- und Nachteile

Es braucht schon ein gewisses Training, um das Diaphragma richtig einzusetzen – ähnlich wie beim ersten Gebrauch eines Tampons. Man muß seinen Körper schon ein bißchen kennen. Beim richtigen Einsetzen und Üben helfen einem aber Arzt oder die Beraterinnen.
Für manche Frauen ist das Diaphragma eine gute Alternative zur Pille, denn Nebenwirkungen sind – bis auf Allergien wegen der Cremes – nicht bekannt. Die Kosten – um die 50 DM – sind niedrig, und es

muß nur bei Bedarf eingesetzt werden. Allerdings: Vor sexuell übertragbaren Krankheiten schützt es nicht.

Zäpfchen oder Salben

Chemische Verhütungsmittel wie Schaumzäpfchen, Gels, Cremes oder Schaum aus der Apotheke müssen zehn Minuten vor dem Geschlechtsverkehr in die Scheide eingeführt werden und sollen das Eindringen von Samenzellen in die Gebärmutter verhindern. Besonders sicher sind sie aber nicht, die Versagerrate liegt bei 25 Prozent. Und sie sollten eigentlich nur zusammen mit Kondomen oder dem Diaphragma benutzt werden.

ANDERE METHODEN

Es gibt noch andere Methoden, die zwar für manche Frauen geeignet sind, die aber vor allem Mädchen und jüngeren Frauen weniger empfohlen werden.

Die Spirale

Die Spirale gibt es in verschiedenen Formen, und sie wird von Gynäkologen in die Gebärmutter eingesetzt. Meist ist sie aus Kunststoff mit Kupferdraht; sie kann bis zu drei Jahren in der Gebärmutter bleiben. Die Verhütungswirkung beruht darauf, daß die Spirale die Einnistung eines befruchteten Eis in die Gebärmutterschleimhaut verhindert.

Symptothermale Methode

Bei dieser Methode wird die morgendliche Körpertemperatur, die sich während des Zyklus verändert,

gemessen. Zusätzlich wird die Veränderung des Schleims in der Scheide beobachtet. Dadurch kann der Zeitpunkt des Eisprungs – und weitergehend die fruchtbaren und

Mädchen und Frauen haben heute die Qual der Wahl. Es gibt verschiedene – darunter sehr sichere – Verhütungsmittel.

unfruchtbaren Tage – festgestellt werden. Diese Verhütungsart erfordert sehr viel Disziplin. Mädchen wird vor allem deshalb von dieser

101

Mittlerweile gibt es auch das Frauenkondom, ein etwa 17 cm langer Kunststoffsack, der die Scheide auskleidet. Das Frauenkondom ist in Deutschland allerdings noch nicht zugelassen.

Methode abgeraten, weil ihr Zyklus häufig noch sehr unregelmäßig ist.

»Verhütung? Damit haben wir uns noch nicht befaßt. Die Jungs haben in der Schule Wasserbomben aus Kondomen gebaut. Und über Aids haben wir in Religion gesprochen.« (Fee und Jana, 13)

Nur eine Notbremse: die »Pille danach«

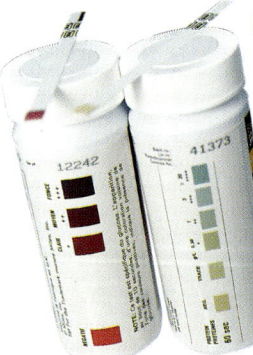

Nur für den Notfall und nicht etwa als regelmäßig verwendbares Verhütungsmittel gibt es die »Pille danach«. Das ist ein hochdosiertes Hormonpräparat für den Fall, daß in der fruchtbaren Phase des Zyklus beim Geschlechtsverkehr nicht verhütet wurde. Oder wenn ein Kondom geplatzt ist. Die »Pille danach« muß spätestens 48 Stunden nach dem Sex eingenommen werden, um eine Schwangerschaft zu verhindern. Das Präparat muß vom Arzt oder von der Ärztin verschrieben werden. Am Wochenende heißt das unter Umständen, den Notdienst alarmieren oder in eine Klinik mit gynäkologischer Abteilung gehen.

Einen Schwangerschaftstest kann man heutzutage ganz einfach und schnell mit dem Morgenurin durchführen. Das Ergebnis steht innerhalb kürzester Zeit fest.

SCHWANGER ODER NICHT?

Manche Mädchen überkommt die Panik schon, wenn die Periode einen Tag überfällig ist. Andere wundern sich erst nach Wochen, weil ihr Zyklus sowieso unregelmäßig verläuft. Auch Übelkeit, Bauch- oder Rückenschmerzen und das Gefühl, »kaputt zu sein«, können Anzeichen für

eine Schwangerschaft sein – müssen aber nicht. In der Apotheke gibt es einfache Schwangerschaftstests, die Mädchen selbst machen können. Wenn die Gebrauchsanweisung genau befolgt wird, liefern sie sichere Ergebnisse. In den Apotheken oder Frauenarztpraxen kann auch ein Fläschchen mit Morgenurin getestet werden. Ist der Test negativ, das heißt, ist ein Mädchen nicht schwanger, und die Periode bleibt trotzdem länger aus, ist ein Arztbesuch ratsam.

Der große Schock

Mit einem positiven Testergebnis sollte sich ein Mädchen auf keinen Fall allein herumschlagen. Auch wenn der Schock noch so groß ist – sinnvoll ist es, gleich einen Termin bei der Frauenärztin oder beim Frauenarzt zu machen und auch möglichst bald bei einer Beratungsstelle (siehe Adressenverzeichnis im Anhang). Auch der Freund, die beste Freundin, die Eltern, vielleicht die Lieblingstante sollten davon erfahren. Zuerst jedenfalls diejenigen, die nicht gleich in Ohnmacht fallen und Druck machen.

Eine schwerwiegende Entscheidung

Die Entscheidung »Will ich jetzt ein Kind, oder schaffe ich das alles nicht?« kann einer schwangeren Frau kein Mensch abnehmen. Aber gemeinsam mit anderen, denen man vertraut, läßt sich besser überlegen, was dafür und was dagegen spricht. Unterschiedliche Meinungen werden zusammenkommen, und 100prozentig wird die Entscheidung nie sein. Das ist normal. Aber wie bei einer Waage werden sich auf einer Seite immer mehr Argumente sammeln. Allerdings kann nicht endlos überlegt werden: Die Beratungsstellen für die Schwangerschafts-Konfliktberatung (so der offizielle Name) haben manchmal Wartezeiten, und ein Schwangerschaftsabbruch ist nur bis zur zwölften Woche der Schwangerschaft möglich.

In Frankreich gibt es die sogenannte Abtreibungspille RU 486. Bei dem Mittel handelt es sich um ein Antihormon, das Wehen auslöst. RU 486 gilt als die im Moment schonendste aller Abbrucharten. In Deutschland ist das Mittel nicht zugelassen.

Wer ungewollt schwanger wird, befindet sich in einer ganz schwierigen Situation. Und niemand kann einem Mädchen oder einer Frau die persönliche Entscheidung abnehmen.

»So einen Schock will ich nicht noch mal erleben. Einmal mit Tom geschlafen, und dann die Periode nicht gekriegt. Der Test positiv. Und Tom war längst mit einer anderen zusammen. Dann nach sieben Wochen doch eine starke Blutung. Das passiert schon mal, meinte der Arzt.« (Sabine, 18)

Nebenstehend stellen wir nur zwei Beispiele von unzähligen Möglichkeiten vor, wie Mädchen und Frauen mit ungewollten Schwangerschaften umgehen. Manche Mädchen heiraten jung – bei manchen funktioniert so eine Ehe, bei anderen, deren Zukunftspläne zu verschieden sind, klappt es nicht. Es gibt auch die Möglichkeit, das Kind nach der Geburt zur Adoption freizugeben, eine Tagesmutter zu finden, mit anderen alleinerziehenden Müttern in eine Wohngemeinschaft zu ziehen und sich die Arbeit zu teilen. Die Frauen in den entsprechenden Beratungsstellen kennen da manche Auswege.

Eine Schwangerschaft hat weitreichende Folgen. Alles wird anders. Freude über das Kind wechselt mit tiefer Niedergeschlagenheit. Existenzängste – auch wenn das Kind gewünscht ist – können sich breitmachen.

»Ich war 20, hatte mir als erste in der Familie ein Studium erkämpft. Zu Hause hätte keiner auf ein Kind aufpassen können, der Vater des Kindes studierte noch und wollte sich nicht kümmern. Ich hätte auf der Straße gestanden, ohne Abschluß und Beruf. Da habe ich abgetrieben. Der Eingriff war schnell vorbei. Mit örtlicher Betäubung. Hinterher war ich noch schlapp. Manchmal, wenn ich Mütter mit Babys sah, mußte ich weggucken oder losheulen. In den Semesterferien habe ich immer als Betreuerin bei Kinderfreizeiten gejobbt. Da hat es mir manchmal leid getan, daß ich abgetrieben habe. Und heute bin ich Lehrerin und Mutter von drei Jungen.« (Esther, 30)

»Mit 16 schwanger – das gab Gerede, aber dann haben die in der Schule mir Mut gemacht, doch bis zum Abitur durchzuhalten. Das ging nur, weil meine ältere Schwester auch gerade ein Baby hatte und Lisa viel bei ihr war. Klamotten gab es gebraucht von allen möglichen Leuten. Jetzt leben wir zwei in einer Wohngemeinschaft, Lisa marschiert morgens in die Kindertagesstätte und ich zur Arbeit. Wer weiß: Mit 35 könnte ich schon Oma sein. Aber ich wünsche Lisa, daß sie sich mehr Zeit läßt mit dem Kinderkriegen als ich. Denn abends oder am Wochenende war ich oft allein und neidisch auf die anderen, die in der Disco rumtoben konnten.« (Silvia, 21)

»GIB AIDS KEINE CHANCE«

Manchmal kann man es nicht mehr hören: Wenn es um Liebe oder Sex geht, wird im gleichen Atemzug vor Aids gewarnt. Ein wahrer »Liebestöter«, diese tödliche Viruserkrankung, gegen die es bisher keine wirksame Behandlung gibt! Als ob es nichts Wichtigeres gäbe, wenn ein Mädchen gerade dabei

GIB AIDS KEINE CHANCE

ist, erst mal mit der Sexualität überhaupt klarzukommen. Mit Jungen, die gleich alt oder ein bißchen älter sind. Die können doch noch gar nicht soviel erlebt haben ... Diese Ansicht stimmt leider nicht. Denn längst ist Aids so weit verbreitet, daß nicht nur Drogenabhängige oder Schwule gefährdet sind. Kinder werden während der Schwangerschaft, bei der Geburt oder beim Stillen infiziert, wenn die Mutter das Virus im Blut hat. Oder eine Frau hat sich bei ihrem Mann angesteckt, der Bluter war und sich durch eine Blutkonserve mit dem HI-Virus (Humanes Immundefekt Virus) infiziert hat. Ein »Restrisiko« gibt es auch immer noch bei Bluttransfusionen oder wenn jemand

mit Präparaten behandelt wird, die aus Blut hergestellt werden.

Die gute Nachricht

Durch Küssen, durch Berühren oder Trinken aus ein und demselben Glas wird das HI-Virus nicht übertragen. Denn das Virus braucht Flüssigkeit zum Überleben und stirbt ab, wenn es außerhalb des Körpers mit Luft in Berührung kommt. Auch auf der Toilette, im Schwimmbad oder in der Sauna kann nichts passieren.

Zur Ansteckung kommt es, wenn HIV-infiziertes Blut, Sperma oder Scheidenflüssigkeit in die Blutbahn des anderen gelangen – zum Beispiel durch winzige Wunden, die überhaupt nicht zu sehen oder zu spüren sind. Besonders beim Analverkehr entstehen leicht kleine Verletzungen, aber auch die Scheide und die Mundschleimhaut sind sehr empfindlich. Bei Fixern geschieht die Übertragung durch das gemeinsame Benutzen einer Spritze.

Die Benutzung von Kondomen und eine sorgfältige Partnerwahl ist der sicherste Schutz vor Aids.

Vertrauen ist gut, Kontrolle besser

Jede und jeder ist gefährdet. Und Mißtrauen ist in diesem Fall ganz »gesund«, denn wer wird schon beim ersten Mal freimütig von allen und allem erzählen, was er oder sie vorher getrieben hat? Und peinlich ist es auch, zuzugeben, bei der letzten Affäre vor lauter Begeisterung mal das Kondom »vergessen« zu haben!

> »Über Aids spricht man, bevor man mit jemandem schläft. Aber das ist mehr so ein Abklären. Richtig offen ist das nicht.« (Eva, 19)

Kondome sind der einzige wirksame Schutz vor Aids – übrigens auch vor anderen sexuell übertragbaren Krankheiten (siehe 5. Kapitel). Darauf verzichten sollten nur Mädchen und Frauen, die schon lange denselben Freund haben und sich ganz sicher sind, daß er mit niemand anderem Sex hat. Soviel Vertrauen zu haben, das braucht Zeit und viele Gespräche – vielleicht auch einen Test.

Aids-Test

Die Gesundheitsämter machen den Test, eine Blutuntersuchung, kostenlos. Auch Ärzte und Ärztinnen helfen weiter. Die Aids-Hilfen und Aids-Beratungen bieten persönliche Gespräche an. Dort gibt es auch Broschüren, die ausführlich über die Krankheit informieren. Wer den Test machen will, um auf Nummer Sicher zu ge-

hen, muß allerdings wissen: Es dauert vier bis sechs Wochen, bis im Blut die Antikörper, die sich nach einer Infektion mit dem HI-Virus bilden, nachgewiesen werden können. Ein Test macht also nur sechs Wochen, nachdem »es« passiert ist, Sinn.

Mehr Phantasie – weniger Angst

Russisches Roulett spielt, wer meint: »Mir passiert schon nichts!« Die Alternative dazu heißt »Safer Sex« (sicherer Sex). Das klingt nach grundsolider Langeweile. »Mehr Phantasie beim Sex« – wäre vielleicht ein besserer Slogan. Denn wer nicht nur wie hypnotisiert auf das »Rein-raus-Ah« des Geschlechtsverkehrs fixiert ist, hat die Chance, immer wieder auf Entdeckungsreisen zu gehen – und ganz erobern läßt sich der andere Körper wohl nie.

In den Arm nehmen

Was aber ist mit denen, die sich – wo und warum auch immer – mit dem HI-Virus infiziert haben? Die vielleicht in dieselbe Schulklasse gehen oder zur Clique gehören? »Denen gebe ich nicht nur die Hand, sondern die nehme ich ganz fest in den Arm«, antwortete eine Frau von der Aids-Hilfe auf die – dumme – Frage, ob sie »denen etwa die Hand gebe«. Wer weiß, wo die Ansteckungsrisiken liegen, wird nicht hilflos reagieren. Sondern weiterhin Freundin bleiben und Unterstützung dann anbieten, wenn sie nötig ist – wie bei jedem anderen auch, der Hilfe braucht.

»Das Benutzen von Kondomen muß so selbstverständlich sein wie das Anschnallen vor dem Losfahren mit dem Auto.« (Anja Trögner von der Deutschen Aids-Stiftung »positiv leben«)

ALLES SO SCHÖN BUNT HIER!

»ICH BIN SO WILD NACH DEINEM ERDBEERMUND« –
GERÜCHE UND FARBEN WAREN SCHON IMMER BESTANDTEILE
DES LIEBESSPIELS. NATÜRLICHE KÖRPERGERÜCHE, SCHWEISS AUF DER
HAUT ... ABER AUCH KÜNSTLICHE DÜFTE WIE PARFÜME, KÖSTLICH
RIECHENDE ÖLE, BADEZUSÄTZE ... ZU DEN GERÜCHEN KOMMEN DIE
FARBEN HINZU: ROTE LIPPEN, FARBIGE NÄGEL ... DAMIT KANN MAN
SPIELEN, AUCH GEMEINSAM. UND: DAS SPIEL KANN MAN AUF KONDO-
ME AUSWEITEN. ES GIBT ROSAROTE, DIE NACH HIMBEEREN RIECHEN,
QUIETSCHGELBE MIT ZITRONENGESCHMACK, GUMMIS IN DEN FARBEN
DER US-FLAGGE, CHINESISCH AUSSEHENDE ...
NICHT JEDERMANNS SACHE,
ABER MANCHMAL EINFACH LUSTIG.

9. Auswege

SCHATTEN AUF DER SEELE

»Auf Lachen folgt Weinen«, »Liebeskummer lohnt sich nicht« oder »himmelhoch jauchzend, zu Tode betrübt« – das sind Allerweltssprüche, wie sie sich wohl jeder schon anhören mußte, dem es hundsmiserabel ging. Solche Floskeln helfen natürlich nicht weiter. Sie zeigen allerdings, daß man seine Probleme letztlich nicht geheimhalten kann. Was nämlich unter die Haut geht, kommt irgendwann doch zur Oberfläche, drückt sich auch ohne Worte am Körper aus. Der eine geht mit eingezogenen Schultern, als trüge er eine Zentnerlast. Andere blicken verloren oder traurig, schminken sich nicht oder haben – im Gegensatz zu sonst – eine Woche lang die gleiche Jeans an. Die eine verputzt jede Menge Süßigkeiten, eine andere magert ab. Und auch wer andere ruppig vor den Kopf stößt, will sich nur nicht hinter die Fassade gucken lassen.

Wut gibt Power

Sich auf dem Sofa zusammenrollen und eine Packung Taschentücher vollheulen kann direkt eine Erleichterung sein. Als müsse die Traurigkeit rausfließen, damit Platz geschaffen wird für Neues, Spannendes, Lustiges oder auch für ohnmächtige Wut, die noch hinter den Tränen hockt. Ohnmacht, weil Geld fehlt für die eigene Bude, weil der Freund sich in eine andere verknallt hat, weil es Streit mit der Freundin gab, weil in der neuen Schule alle schon in festen Cliquen sind.

»Ich weiß noch, wie ich so dicken Krach mit meiner Mutter hatte, daß ich nur noch geheult und geschluchzt habe. Wenn ich dann in meinem Zimmer die Tür hinter mir zugeschmissen hatte, hörte das Heulen bald auf. Und ich habe auf ein Kissen geprügelt - vor lauter Wut, daß sie mich nicht verstehen will. Wenn ich dann völlig k.o. war und knallrote Augen hatte, habe ich mir geschworen: Sie wird mich nicht kleinkriegen, sie wird mir nicht einreden können, daß mein Gefühl falsch ist.« (Anne, 25)

Wut, Trauer, Enttäuschung – sie gehören einfach dazu zum Leben. Wichtig ist, seine persönlichen Mittel und Wege zu finden, um mit dem Blues umzugehen.

Auch das Schlechte hat sein Gutes: Jede Krise, die wir überstehen, stärkt letztlich unser Selbstwertgefühl.

Problematisch wird es, wenn es nicht mehr allein um Trauer oder eine depressive Stimmung geht, sondern wenn das Leben selbst als völlig sinnlos erscheint. Wenn eine Freundin Selbstmordgedanken äußert, muß das ganz ernst genommen werden. In einem solchen Fall muß man Eltern oder Profis unbedingt informieren.

Helfer bei Stimmungstiefs sind: die beste Freundin, eine verständnisvolle Lieblingstante, das Tagebuch, kreative Tätigkeiten ...

Wer selbst an das Traumbild vom perfekten und immer fröhlichen Mädchen glaubt, hat es schwer bei Krisen. Denn Probleme liegen als Stolpersteine auf jedem Weg herum. Da ist es gut, im Rucksack eigene Tips und Tricks zu haben, um die Steine wegzuwälzen, kleinzuschlagen, darüber wegzuklettern. Anders gesagt: Ich kann den untreuen Freund »abhaken« und nach meiner Heul- und Wutphase Ausschau nach neuen »Prinzen« halten. Oder versuchen, mit ihm zu reden und herauszufinden, was nicht geklappt hat. Oder den Kampf mit seiner Neuen aufnehmen. Oder ...

Unterdrückte Gefühle machen krank

Jede und jeder hat ein Recht darauf, traurig und wütend zu sein. Trauer und Wut müssen heraus. Wer seine Gefühle unterdrückt, läuft Gefahr, körperlich krank zu werden. Denn: Da geht einem dann »etwas an die Nieren« oder die Kehle ist wie »zugeschnürt«, der »Kopf platzt«. Eine andere hat die »Nase voll« oder ihr liegt vielleicht ein »Stein im Magen«.

Selbstmitleid lähmt

Traurig und enttäuscht zu sein, Liebesbriefe zu zerreißen und einen Blumentopf umzuschmeißen, ist etwas anderes als Selbstmitleid. Das Gefährliche daran ist, sich wie eine Steinfigur zu fühlen, zur Salzsäule »erstarrt« – ohne Chance, vom Fleck wegzukommen, Neues

zu erleben. Aus dem Spiegel sieht einen ein trauriges, verlorenes Gesicht an, und draußen scheinen dagegen nur glückliche Menschen herumzulaufen.

»›Ich habe mich schon immer gefragt, ob Du auch mal nicht mehr weiter weißt. Bei Deinen starken Sprüchen, und wo Du so gut bist in der Schule‹, sagte meine Freundin, als ich nicht mehr anders konnte und bei ihr losgeheult habe. Bisher hatte ich immer nur sie getröstet, wenn bei ihr was schieflief. Jetzt nahm sie mich in den Arm, streichelte mich und schien richtig froh, sich mal revanchieren zu können.« (Barbara, 23)

Eltern und Geschwister, Freundinnen oder die Lieblingstante haben vielleicht ein offenes Ohr und Verständnis – wenn sie eine Chance bekommen. Wer einen gern mag, hat sowieso schon gemerkt, daß was nicht stimmt.

Traurigkeit verschwindet manchmal über Nacht, nach einem Wochenende bei der besten Freundin oder einem anstrengenden Sportwettkampf. Glück gehabt! Es kann aber auch passieren, daß sich das Gefühl breitmacht: »Da komme ich nicht mehr raus. Langsam werde ich verrückt. Keiner versteht mich. Wozu noch morgens aufstehen? Was hat das alles noch für einen Sinn?« Wer nicht mal mehr auf ein Wunder hofft, kann aber noch die letzten Kräfte zusammennehmen und Hilfe holen. Es ist eindeutig eine Stärke, nicht langsam im Sumpf des Unglücks zu versinken, sondern nach jemanden zu rufen, der mit einer Leiter kommt.

WER KANN HELFEN?

Es gibt Probleme, über die man einfach nicht mit Freundinnen oder Eltern sprechen kann. Am besten wäre es, eine Fremde oder ein Fremder würde zuhören und vielleicht einen Tip geben.

Hilfe durch den »heißen Draht«

Wer will, kann sich seine Probleme am Telefon von der Seele reden. Ohne den Namen zu nennen, ohne Angst, »ausgequetscht« zu werden. Sicher kann so ein Anruf nicht alle Schwierigkeiten der Welt beseitigen. Aber die Menschen am »heißen Draht « kennen sich gut aus und haben manchen Tip. Auch nachts, wenn es sein muß. Manchmal ist es schon wie eine Erlösung, daß jemand zuhört und einem bestätigt, daß man nicht spinnt und nicht der einzige Mensch unter Milliarden ist, der an einem Problem zu kauen hat.

Telefonseelsorge – überall in Deutschland rund um die Uhr unter der Telefonnummer 11101.
Kummertelefon, Kinder- oder Jugendtelefon – solche Nummern finden sich im Telefonbuch, aber auch auf Plakaten und Aufkle-bern, zum Beispiel in Schulen oder in Bussen.

Hilfe von den Profis

Wer mit der Familie Probleme hat, zum Beispiel wegen der Schule, wegen einer Freundschaft oder weil sich die Eltern scheiden lassen wollen, der kann sich auch an einen »neutralen« Gesprächspartner wenden. Also an eine Person, die nicht selbst in das ganze Gefühlsdurcheinander verstrickt ist.

»Meine Mutter hatte mich zur Ärztin geschickt, weil ich immer so Kopfschmerzen hatte. Das war eine mit grauen Haaren, wie man sich eine Oma vorstellt. Nach der Untersuchung saßen wir an ihrem Schreibtisch, und sie hat mich ruhig angesehen: ›Gefunden habe ich nichts, aber irgendwas hast Du auf dem Herzen.‹ Da habe ich auf einmal geheult und ihr alles gesagt.«
(Anne, 25)

Menschen, die zuhören können und Auswege wissen, lassen sich an verschiedenen Stellen finden. Ein bißchen Mut gehört schon dazu,

Schwere Depressionen müssen fachlich behandelt werden; leichtere kann man selbst in den Griff bekommen. Stimmungstiefs können auch kreative Prozesse auslösen: Eine Phase der Besinnung auf uns selbst gibt uns viel produktive Kraft.

111

Keine Angst vor Profis! Sie haben schon viel gehört und gesehen; und sie zwingen auch niemanden zu einem bestimmten Verhalten oder zu einer nicht akzeptablen Lösung. Und – sie sind verschwiegen.

anzurufen und sich einen Termin für ein Gespräch geben zu lassen. Doch ganz klar ist: Die Fachleute für menschliche Probleme unterliegen alle der Schweigepflicht, das heißt, ohne Einwilligung der Jugendlichen dürfen sie nicht mit den Eltern reden. Solche »Profis« sind:

Ärztinnen oder Ärzte: Sie kennen einen vielleicht schon länger, und sie können nicht nur Pillen verschreiben, sondern auch an andere Ärzte oder Fachleute weiterverweisen.

Psychologinnen und Psychologen/Therapeutinnen und Therapeuten: Das sind »Seelen-Klempner«, von denen sich einige auf die Behandlung von Kindern und Jugendlichen spezialisiert haben. Sie versuchen durch Gespräche, manchmal auch durch

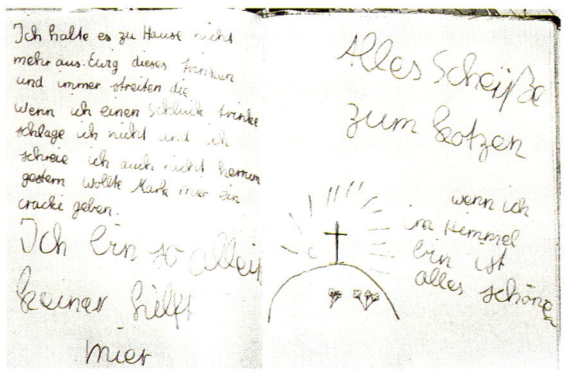

Jugendliche senden Hilferufe aus, wenn sie nicht mehr klarkommen. Alle – Eltern, Freundinnen, Freunde, Bekannte, Lehrer – sind aufgerufen, diese Hilferufe wahrzunehmen, bevor es zu spät ist.

Malen oder durch das Nachspielen von bestimmten Situationen, die Probleme genauer zu erkennen. Danach unterstützen sie einen bei der Suche nach Lösungsmöglichkeiten, beim Ausprobieren von anderem Verhalten. Es gibt Einzeltherapien, zu denen man ein- oder zweimal in der Woche hingeht oder auch Gruppentherapien. The-

rapeuten arbeiten entweder in einer eigenen Praxis wie Ärzte oder in Beratungsstellen. Manche Therapien bezahlen die Krankenkassen, andere sind kostenlos. Das sollte vor Beginn der Behandlung geklärt werden.

Frauen- oder Mädchenberatungsstellen: Das sind meist Vereine, die von Frauen gegründet wurden, um andere Frauen und Mädchen zu unterstützen – durch Beratungsstunden, aber auch dadurch, daß Frauenhäuser eingerichtet wurden, wohin sich Frauen mit ihren Kindern flüchten können, wenn sie zum Beispiel von einem gewalttätigen Mann bedroht werden. Einige Beratungsstellen haben auch Wohngemeinschaften für Mädchen, Gesprächskreise, Selbsterfahrungsgruppen oder Selbstverteidigungskurse.

Beratungsstellen: Von den Kirchen, der Stadt oder dem Kreis gibt es in größeren Orten eine oder mehrere Familien-, Ehe-, Erziehungs- und Konfliktberatungsstellen. Bei den Gesprächen dort wird nicht nur versucht, die seelischen Probleme zu lösen, sondern auch ganz handfeste Schwierigkeiten – beispielsweise wenn ein Mädchen schwanger ist, es zu Hause nicht mehr aushält oder der Rausschmiß aus der Schule droht.

Jugendamt: Das ist zwar eine staatliche Behörde, aber die Menschen dort arbeiten nicht nur mit Stempel und Akten, sondern führen auch viele Gespräche mit Jugendlichen. Sie haben einen guten Überblick, welche Hilfsangebote es vor Ort gibt.

Vertrauenslehrer oder Schulpsychologischer Dienst: Sie sind die richtigen Gesprächspartner, wenn im Unterricht oder in der Klasse viel schiefgeht.

Seinem Gefühl trauen

Es ist immer ein Risiko, Probleme und Schwächen einem anderen anzuvertrauen. Das ist auch bei den Profis so. So kann es sein, daß die eine von einer Beraterin oder einer Therapeutin begeistert ist. Eine andere aber wird das Gefühl nicht los, »daß die mich irgendwohin drängen will«. Aufregend ist so ein erster Gesprächstermin immer. Aber wenn Gefühle wie Angst oder Unbehagen und Mißtrauen nicht verschwinden, sollte das ernstgenommen werden. Schließlich entscheiden auch Therapeutinnen und Therapeuten nach diesem Termin darüber, ob sie mit jemandem zusammenarbeiten können und wollen oder nicht. Wer beim erstenmal nicht den Richtigen oder die Richtige findet, sollte es also unbedingt mit anderen versuchen.

»Sie hat knallrote Haare und lila Klamotten, ist so um die 40. Im Wartezimmer hat sie das gleiche Plakat wie ich zu Hause. Und sie hat gefragt, ob sie mich siezen soll. Dann habe ich erzählt. Manchmal hat sie mich unterbrochen und gesagt: ›Jetzt redest Du schon wieder von den Streitereien zwischen Deinen Eltern. Wie geht es Dir denn dabei?‹ Gute Frage, habe ich gedacht.« (Barbara, 23)

Ein zu hoher Preis

Wer sich schwach fühlt, ist auch anfällig für Sekten oder andere Bewegungen, die einen mit süßen Versprechungen, viel Freundlichkeit und dem Leben in einer Gemeinschaft ködern wollen. Doch der Preis dafür – den eigenen Dickkopf aufzugeben, die eigenen Pläne – ist einfach zu hoch.

Es ist richtig: Schon immer haben die Menschen sich in Rauschzustände versetzt. Doch was heute oft übersehen wird: Meistens war dieser Gebrauch streng geregelt; er galt für religiöse oder heilende Zwecke – nicht für den permanenten Trip im Alltag.

Sucht heißt ganz einfach, daß man ohne ein bestimmtes Mittel – Alkohol, Nikotin, Medikamente, Drogen – nicht mehr klarkommt. Diese Abhängigkeit beeinträchtigt das gesamte Leben – psychisch und gesundheitlich. Zu einer Suchtbehandlung gehört immer auch der seelische Aspekt, der letztlich zum Mißbrauch geführt hat.

WENN DIE SUCHE NACH GLÜCK SÜCHTIG MACHT

»Zum erstenmal durfte ich nach einer Fete über Nacht wegbleiben. Im Keller von Martinas Eltern haben wir getanzt, rumgeknutscht und viel Rotwein getrunken. Ich hatte Schiß, Uli anzuquatschen, den ich toll fand. Da habe ich mich an meinem Glas festgehalten, ihn immer wieder nachschütten lassen. Bis ich den Mut hatte, mit ihm zu tanzen. Da muß ich schon ganz schön wacklig gewesen sein. Mehr weiß ich nicht. Filmriß. Irgendwann nachts bin ich in dem Fetenraum wachgeworden. Es roch nach Wein und Zigaretten. Mir war nur noch schlecht.« (Chris, 26)

Es ist schon verrückt: Da sind in Deutschland über zwei Millionen Menschen alkoholabhängig. Alkoholiker können Wahnvorstellungen kriegen,

ins Delirium fallen, schwer krank werden. Im Rausch, ohne den sie nicht mehr leben können, verursachen sie Unfälle, werden gewalttätig. Kinder wachsen damit auf, daß sie den benebelten Vater am Telefon beim Chef entschuldigen müssen, und trauen sich nicht mehr, Freunde nach Hause einzuladen. Und weil solche Kinder keine anderen Erfahrungen gemacht haben, als daß man Probleme mit Alkohol »zuschüttet«, rutschen sie oft selbst in eine Alkohol-Karriere ab. Zum Glück gibt es in jedem Ort Selbsthilfegruppen, wo sich diejenigen treffen, die nach einer »Entgiftung« im Krankenhaus »trocken« sind und es auch bleiben wollen. In manchen Städten existieren auch Gruppen für Kinder von Alkoholkranken. Denn wer nicht mehr ohne »Stoff« auskommt, ist krank.

Mother's little helpers

Alkohol ist wie Kaffee oder Tee eine legale Droge – im Gegensatz zu Hasch, Heroin, Crack oder Ecstasy-Pillen. Auch Medikamente, die ordnungsgemäß vom Arzt verschrieben werden, können abhängig machen. Von »Mother's little helpers« haben schon die Stones gesungen, und tatsächlich sind mehr Frauen als Männer medikamentenabhängig. Unauffällig schlucken sie die Schlaf-, Schmerz- oder Beruhigungspillen, um im Alltag normal zu »funktionieren« – bis zum Zusammenbruch.

114

Alkohol hat zwei Seiten

»Ich trinke nicht regelmäßig und auch nur dann, wenn ich selbst will" – das kann eine vernünftige Einstellung sein. Vor allem ist es gut, zu wissen, wieviel man verträgt, und zwar ohne »Nebel vor den Augen«, Lallen oder einen Filmriß. »Wegtrinken« lassen sich Probleme übrigens nicht. Im Gegenteil: Wer sich mies und krank fühlt oder sogar noch Medikamente genommen hat, verträgt viel weniger als an anderen Tagen. Und: Alkohol ist weder Durstlöscher noch ein Mittel, um beim Sex in Schwung zu kommen.

»In unserer Clique waren zwei tolle Typen, die aber nie einen Tropfen Alkohol getrunken haben. Da war es einfach, nach ein, zwei Bier auf Cola umzusteigen. Nie hat einer eine blöde Bemerkung gemacht. Auf einer Schulfete ist mir aber mal einer auf die Pelle gerückt und wollte mir Schnaps aufzwängen. Dem habe ich mit einer Armbewegung das Glas übers T-Shirt geschüttet – ganz aus Versehen.« (Anne, 25)

Ob legale oder illegale Drogen: Das Problem ist die seelische und teilweise auch körperliche Abhängigkeit. Seele und Körper kommen nicht mehr ohne aus. Kurzfristig kann Drogenkonsum Angst abschalten, einen in Traumwelten entführen oder einem das Gefühl der »Superfrau« vermitteln. Langfristig aber verstärken Drogen Angstzustände, Schlaflosigkeit oder Konzentrationsstörungen, einmal abgesehen von den teilweise enormen körperlichen Schäden. Das ganze Leben dreht sich nur noch darum, an Schnaps, an die nächste Hasch-Zigarette oder Spritze zu kommen.

Ein Ecstasy-Rausch kann zu einer völligen Fehleinschätzung der persönlichen Leistungsfähigkeit führen.

Eine Droge für den Krieg

Der Wirkstoff der Ecstasy-Pillen wurde von der amerikanischen Armee in den fünfziger Jahren getestet. Soldaten sollten damit auch in Kämpfen cool bleiben. Doch der Erfolg blieb aus, und das Experiment wurde beendet. Heute sagen Fachleute, Ecstasy sei eine Safer-Sex-Droge. Denn außer Fummeln passiert nichts. Riskant ist, daß die Pillen das Durstgefühl unterdrücken und man auch das Gefühl hat, nicht schlafen zu müssen, Nächte durchmachen zu können. Kommt dann noch Alkohol dazu, kann es zu Wahnvorstellungen kommen.

Haschisch – vor allem aus den weiblichen Blättern, Blüten und Zweigspitzen des Indischen Hanfs wird das Harz für die Droge gewonnen. Bei Marihuana handelt es sich um die gehackten und getrockneten Pflanzenteile.

115

Roulett

Die Ecstasy-Pillen können ziemlich gefährlich sein. Sie werden oft in kleinen Labors zusammengemixt. Keiner weiß, was drin ist.

Für alle Drogen gilt: Ein bißchen paffen an der Hasch-Pfeife, eine ganz kleine Menge Ecstasy kann für den Einzelnen schon zuviel sein, weil Menschen höchst unterschiedlich reagieren.

Weiche und harte Drogen

Opium, Morphium, LSD, Crack und Heroin gelten als harte Drogen, die sehr schnell körperlich abhängig machen. Um den gewünschten Rauscheffekt zu erzielen, müssen immer höhere Dosen genommen werden. Kokain, Haschisch und Marihuana gelten als »weichere« Drogen; sie machen vor allem psychisch abhängig, was nicht heißt, daß sie ungefährlich sind. Auch eine scheinbar normale Dosis kann unter Umständen zu Herzversagen führen.

Drogenberatung Caritas-Fachambulanz für junge Suchtkranke Dachauer Str. 29	59 70 30
Drogenberatung CON-DROBS e.V.	℘ 39 10 66
Elterntelefon 80802 Konradstr. 2	℘ 33 18 05

Keine Angst vor Hilfe

Wer Angst hat, nicht mehr ohne Alkohol, Tabletten oder Drogen den nächsten Tag zu überstehen, kann sich an Drogenberatungsstellen wenden. Die Adressen stehen im Telefonbuch. Manche Drogenberater sind auch als »Streetworker« in den Großstädten, etwa in Bahnhofsnähe, unterwegs. Für ihre Arbeit gilt, was vorher schon über die anderen Profis gesagt wurde: Sie dürfen nichts weitersagen.

DICK UND DÜNN

Im Supermarkt sind die Regale übervoll mit Köstlichkeiten aus aller Welt, für den »kleinen Hunger zwischendurch« gibt es mindestens 100 verschiedene Riegel. Merkwürdig ist: Die Models in der Werbung, die sie essen, sind superdünn. Nur wir bleiben auf der Strecke, wenn wir Schokoriegel futtern.

LOLA LUNA: Früher lautete das Schönheitsideal auch bei uns: weiblich rund. Heute heißt es: hyperschlank. Bei anderen Völkern und in eher bäuerlichen Gesellschaften ist das noch anders. Dort gelten Frauen, die dicker sind, als schön und begehrenswert – und auch als gesund und wohlhabend. Denn sie haben offensichtlich genügend zu essen – und das sieht man ihnen an.

Mittlerweile sind auch bei uns einige Zweifel am sogenannten Idealgewicht aufgekommen. Es ist keineswegs so, daß schlanke Menschen gesünder sind oder daß sie länger leben würden als etwas dickere Leute. Das richtige Gewicht ist dasjenige, bei dem man sich wohlfühlt – unabhängig von einer normierten Kleidergröße. Leute, die nur durch Diäten oder regelrechte Hungerkuren ein bestimmtes Gewicht halten können, leben ungesund. Doch viele Mädchen und Frauen richten sich leider nach irgendwelchen Idealbildern, die teilweise immer extremer werden.

Da soll sich eine noch auskennen

Wenn ein berühmtes Fotomodell, das zum Beispiel 1954 auf den Titelseiten war, heute mit der gleichen Figur in eine Agentur stiefelte, würde sie sicher hören: »Sie sind aber viel zu dick.«

Sich im eigenen Körper nicht zu Hause zu fühlen, das macht krank. Und Psychologen haben ebenfalls festgestellt, daß die Patientinnen mit Eßstörungen immer jünger werden. Es gibt unterschiedliche Therapien gegen Eßstörungen, doch sie wirken nur, wenn die Patientin ihre Krankheit wirklich als solche erkannt hat.

»Ich hab' immer viel aus Frust gegessen und aus Langeweile. Bei uns war Essen Belohnung. Freude am Essen ist eigentlich nicht schlimm. Mein Vorbild war meine Cousine, die war auch dick.« (Eva, 19)

Der Blick in den Spiegel rückt das Bild von einem selbst nicht zurecht. Psychologen haben herausgefunden, daß jeder den Körper durch seine eigene Brille sieht. So kann sich eine Frau mit 80 Kilo Gewicht »gerade richtig« finden und ihr Spiegelbild anstrahlen, eine andere mit 50 Kilo aber denken: »Ich bin so fett, daß ich deshalb sicher keinen Mann finde und ausgelacht werde.«

Und vielleicht würde sie sich in Schwitzanzüge quetschen, nur noch Diätprodukte essen und morgens zur Abführtablette greifen.

Nicht nur Mädchen und junge Frauen sind betroffen, sondern auch immer mehr junge Männer leiden an Magersucht, jeder zehnte hungert regelmäßig.

Bei Heißhungerattacken nehmen Bulimikerinnen bis zu 30 000 Kalorien zu sich.

Eßstörungen sind ein Hilfeschrei der Seele. Sie können unter Umständen zum Tod durch Verhungern führen – und das in unserer Überflußgesellschaft.

Es gibt zwei unterschiedliche Formen von Eßstörungen:

Magersucht (Anorexie) fängt meist damit an, daß jede Kalorie gezählt und nur noch fett- und zuckerarme Produkte gegessen werden. Zur Kontrolle steigen Betroffene mehrmals am Tag auf die Waage. Dauerläufe und andere Sportarten, Appetitzügler und Ab-

führmittel sollen das Gewicht zusätzlich senken. Auch wenn andere sagen: »Du siehst aus wie ein Strich in der Landschaft«, sagt der eigene Blick in den Spiegel immer noch: »Du bist zu fett«. Die besorgten Bemerkungen von Eltern oder Lehrerinnen können ganz schön auf den Nerv gehen. Da kaschieren manche ihr Magersein mit weiten Pullovern oder Hemden und drücken sich vorm Schwimmen. Und irgendwann wird's dann sehr gefährlich. Bei einem bestimmten Grad von Untergewicht bleibt die Menstruation aus. Am Ende ist der Körper so abgemagert, daß Tod durch Verhungern droht. Manchmal hilft nur noch ein Krankenhausaufenthalt.

Magersüchtige und Bulimikerinnen haben oft Menstruationsprobleme. Die Regel kann ganz ausbleiben, da der Körper einen bestimmten Anteil an Fett braucht, um den hormonellen Kreislauf für die Monatsblutung aufrecht zu erhalten.

Eß-Brech-Sucht (Bulimie): Wer darunter leidet, hat oft ein normales Gewicht, auch wenn sich das ganze Leben nur noch ums Essen dreht. Mehrmals am Tag werden riesige Mengen Essen zubereitet und verzehrt. Dafür geht sehr viel Geld drauf. Nach einem solchen Freßanfall wird alles wieder erbrochen. Manche Magersüchtige bekommen auch ab und zu einen solchen Freßanfall, erbrechen sich dann – und rutschen nach und nach in die Eß-Brech-Sucht hinein. Oder umgekehrt.

Ein zu hoher Preis fürs Schlanksein

Magersüchtige und Bulimikerinnen leiden unter Kreislaufstörungen, Magen-Darm-Beschwerden, Herzrhythmusstörungen und Nierenschäden. Besonders Bulimikerinnen haben durch das ständige Erbrechen auch Schäden an der Speiseröhre, im Mund und an den Zähnen.

Es gibt Hilfe

Wer aus einem solchen Teufelskreis heraus will, kann in eine der Selbsthilfegruppen gehen, die manchmal so witzige Namen wie »Dick & Dünn« haben. Auch bei Psychotherapien oder in Spezialkliniken kann nach den Ursachen geforscht werden. Dort lernen die Betroffenen auch, wieder Gefühle wie Hunger oder Sattheit zu spüren und sich mit dem eigenen Körper anzufreunden, sich im eigenen Körper wohlzufühlen (siehe Adressenverzeichnis im Anhang).

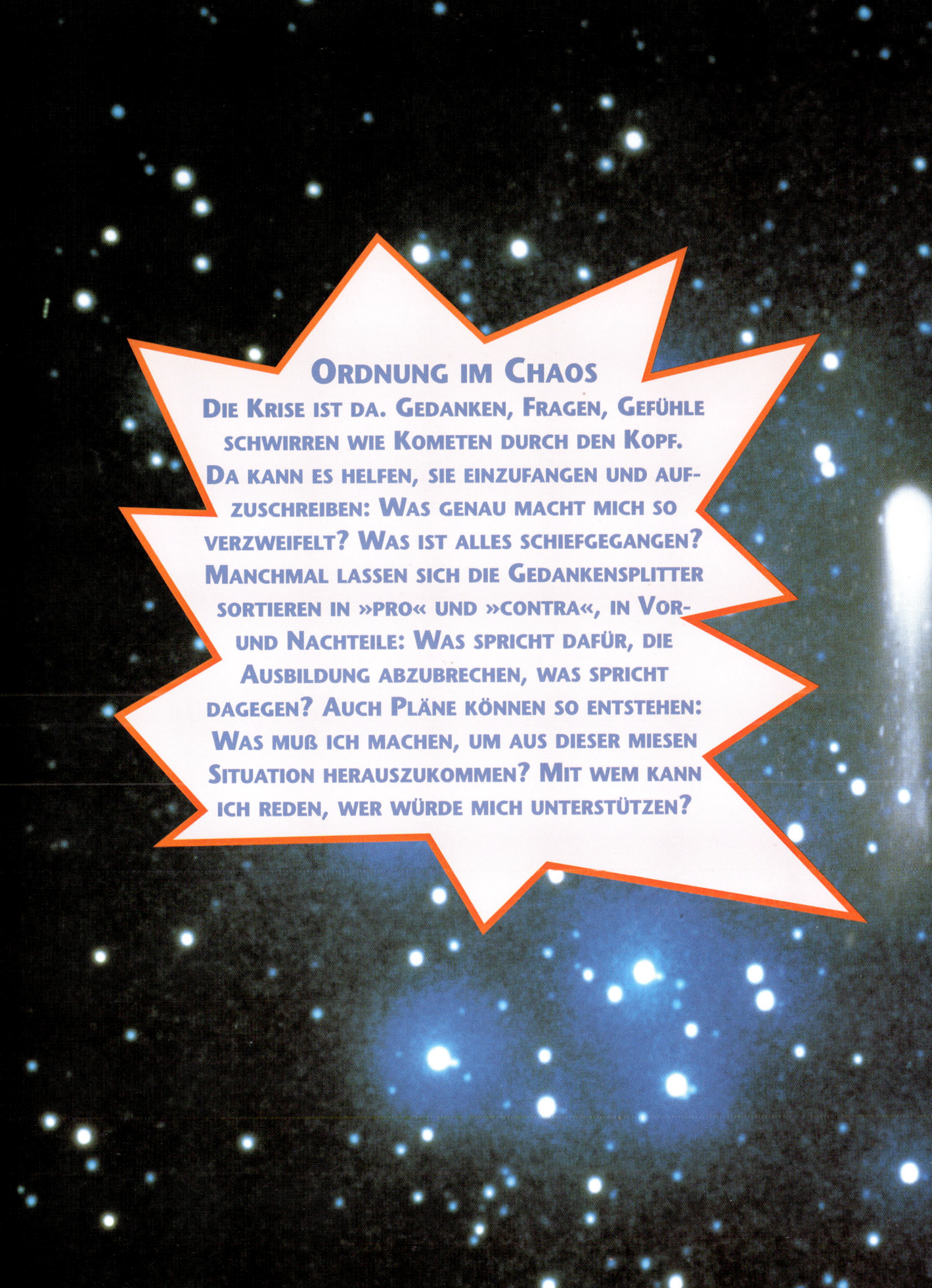

ORDNUNG IM CHAOS

DIE KRISE IST DA. GEDANKEN, FRAGEN, GEFÜHLE
SCHWIRREN WIE KOMETEN DURCH DEN KOPF.
DA KANN ES HELFEN, SIE EINZUFANGEN UND AUF-
ZUSCHREIBEN: WAS GENAU MACHT MICH SO
VERZWEIFELT? WAS IST ALLES SCHIEFGEGANGEN?
MANCHMAL LASSEN SICH DIE GEDANKENSPLITTER
SORTIEREN IN »PRO« UND »CONTRA«, IN VOR-
UND NACHTEILE: WAS SPRICHT DAFÜR, DIE
AUSBILDUNG ABZUBRECHEN, WAS SPRICHT
DAGEGEN? AUCH PLÄNE KÖNNEN SO ENTSTEHEN:
WAS MUSS ICH MACHEN, UM AUS DIESER MIESEN
SITUATION HERAUSZUKOMMEN? MIT WEM KANN
ICH REDEN, WER WÜRDE MICH UNTERSTÜTZEN?

Wer sich nicht wehrt, lebt verkehrt

10.

MITTEL GEGEN BLÖDE ANMACHE

»Frauen haben lange Haare, aber einen kurzen Verstand.« Bei solchen Sprüchen aus dem Mittelalter – der zitierte stammt von dem Theologen Thomas von Aquin – können Mädchen heute nur noch grinsen. Andere Vorurteile über Frauen halten sich dagegen so hartnäckig, als wären sie mit Alleskleber in den Köpfen von Jungen und Männern festgepappt (sorry, aber Ausnahmen bestätigen die Regel): »Mädchen zieren sich doch gerne. Wenn eine Frau nein sagt, dann meint sie ja.«

Ja zu sagen fällt leichter, als ein ganz entschiedenes Nein auszusprechen – vor allem gegenüber einem Menschen, der einem viel bedeutet. Was, wenn der Freund das Nein nicht versteht, gekränkt ist, sauer reagiert, den Kontakt abbricht? Solche Phantasien legen sich wie Nebel über das spontane Gefühl: Nein, das will ich nicht. Das klare Nein klingt dann manchmal nur noch nach einem »lieber nicht«, wenn es

heraus ist. Oder das Nein wird mit einem netten Lächeln verpackt – eine doppeldeutige Botschaft. Oder es muß schnell eine Ausrede her, die meist nicht sehr überzeugend klingt.

Wer sich schon einmal gegen sein Gefühl hat »breitschlagen« lassen, kennt die miese Stimmung hinterher – zum Beispiel, wenn ein Junge beim Schmusen mehr will als das Mädchen. Oder wenn er ein Geschäft machen will: Er bringt sie nach Hause oder lädt sie ein. Sie soll im Gegenzug machen, was er will. Wer nein sagen will und gleichzeitig über die Reaktion des anderen nachdenkt, springt zwischen sich und dem anderen hin und her. Dadurch geht leicht der eigene Standpunkt verloren.

Nein!

Die Grenze zwischen einem Flirtversuch und sexueller Belästigung ist ziemlich eindeutig: Wenn Bemerkungen »unter der Gürtellinie« fallen und es zu Handgreiflichkeiten kommt, ist die Grenze überschritten – und jedes Mädchen sollte sich entschieden zur Wehr setzen.

»Einmal bin ich am Vatertag mit dem Fahrrad gefahren. In einem Auto riefen betrunkene Männer: ›Fahr doch mit!‹ Da habe ich denen den Stinkefinger gezeigt. Da haben die doof geguckt.« (Johanna, 15)

Freche Sprüche für starke Mädchen

Wieso sind Blondinenwitze immer so kurz? – Damit Männer keine Schwierigkeiten haben, sie zu verstehen.

Was sagen Männer, wenn sie bis zum Bauchnabel im Wasser stehen? – Das geht mir über den Verstand.

Brave Mädchen kommen in den Himmel – böse überall hin.

Es gibt zwei Wahrheiten: Die Erde ist eine Scheibe. Und: Männer sind klüger als Frauen.

Warum müssen Frauen schön sein und nicht klug? – Weil Männer besser sehen können als denken.

Warum hat Gott die Männer erschaffen? – Weil Vibratoren nicht den Rasen mähen können.

Eine gescheite Frau hat Millionen geborener Feinde: alle dummen Männer.
(Marie von Ebner-Eschenbach)

Ich bin nicht gegen die Männer, sondern nur gegen die Menschen, die sich auf Kosten ihrer Mitmenschen verwirklichen und Karriere machen müssen.
(Lisa Fitz)

Wenn Dir das nächste Mal eine dumme Kuh erzählt, daß Du mütterlich und einfühlsam bist und daß Männer Tiere sind, die man zähmen und dressieren muß, dann tritt ihr gegen das Schienbein und hau ab.
(Julie Burchill)

Die Frage ist, wer Angst vor der Liebe hat, wer Angst vor dem Leben. Ich glaube nicht, daß es wir Frauen sind.
(Anja Meulenbelt)

LOLA LUNA: Nein sagen zu können, das hat damit zu tun, die eigenen Grenzen zu kennen – auch die körperlichen Grenzen. Forscher haben sie sogar ausgemessen: Auf 75 bis 45 Zentimeter läßt ein Mensch einen anderen heran, zu dem ein freundschaftliches Verhältnis besteht. Das ist auch der Abstand, in dem jemand körperlich angegriffen werden kann. Also dürfen nur Freunde diese »Intimzone« betreten. Drängt sich ein Fremder, zum Beispiel in der Straßenbahn, so nah heran, ist das eine Grenzverletzung.

Sexuelle Belästigung ist ein weitverbreitetes Delikt, keineswegs ein Ausnahmefall. Laut Untersuchungen sind beispielsweise über 70 Prozent aller berufstätigen Frauen schon einmal an ihrem Arbeitsplatz sexuell belästigt worden.

Mach mich nicht an!

Wer erinnert sich nicht an die fiesen feuchten Küsse von Onkel Peter! Onkel Harald dagegen roch nach Weihnachtsgewürzen und guckte immer fragend, bevor er einen hochhob und begrüßte. Schon Kinder können genau unterscheiden, was ihnen angenehm und was ihnen unangenehm ist. Wer älter wird, einen Busen bekommt und erwachsener aussieht, wird immer wieder einmal mit blöder Anmache zu tun bekommen: Vielleicht ist es ein Lehrer, der einer Schülerin ohne Grund zu nahe auf die Pelle rückt. Ein Junge grapscht an den Rücken des Mädchens vor ihm, um mit dem BH-Träger rumzuflitschen. Oder Verwandte sagen mit einem süßlich-schmierigen Unterton: »Das ist ja schon eine richtige kleine Frau.« Doch: Ob älterer

Zwei Drittel aller sexuellen Gewalttaten gegen Mädchen und Frauen ereignen sich an einem Ort, an dem sie sich eigentlich sicher wähnen – nämlich zu Hause.

Mann oder gleichaltriger Junge – blöde Anmache und Grapscherei braucht sich kein Mädchen gefallen zu lassen.

»Gar nicht reagieren oder laut ›Arschloch‹ sagen.« (Fee und Jana, 13)

Wenn solche Belästigungen zum Beispiel in der Schule passieren, dann hilft es auch, Freundinnen einzuschalten. Vielleicht haben sie ähnliche Situationen erlebt und sich nur nicht getraut, darüber zu sprechen. Wichtig ist es, nicht an den eigenen Erlebnissen zu zweifeln, sondern jemanden zu finden, der einem Glauben schenkt.

Telefonterror unterbinden

Verblüffend einfach ist es, Anrufer abzuwehren, die sich am Telefon als Frauenärzte ausgeben und Auskünfte haben wollen oder nur Sauereien herausstöhnen. Ihnen fallen die Ohren ab, wenn kräftig mit einer Trillerpfeife in den Hörer gepfiffen wird. Man kann den Anrufer auch aus der Leitung werfen, indem man ihn lächerlich macht oder auslacht.

Vergewaltiger sind krank

Mit Liebe haben sexueller Mißbrauch und Vergewaltigung nichts, aber auch gar nichts zu tun, sondern mit Gewalt, Haß, krankhaften seelischen Störungen der Täter. Denen ist es egal, ob sie ihr Opfer am Tag oder spät in der Nacht überfallen. Ob ihr Opfer einen

Minirock und Stöckelschuhe trägt oder einen wadenlangen Rock und Gesundheitsschuhe. Die gutgemeinte Warnung »Geh nicht mit einem Fremden« – schon an Kinder – funktioniert auch nicht. Denn oft stammen die Täter aus dem Verwandten- oder Bekanntenkreis.

Polizeipsychologinnen haben in Untersuchungen festgestellt, daß es oft gut ist, sich in gefährlichen Situationen zu wehren: schreien, kratzen, treten – manchmal auch einfach reden. Doch die Hemmungen sind groß, im Ernstfall einem Angreifer mit den Fingern in die Augen zu stechen oder »in die Eier« zu treten. Und dann blitzschnell abzuhauen. In manchen Schulen gibt es aber Selbstverteidigungsübungen für Mädchen während des Sportunterrichts oder in einem eigenen Kurs.

»Neulich habe ich einen Selbstverteidigungskurs an der Volkshochschule gemacht. Die Leiterin sah wie eine liebe, ältere Dame aus, hatte aber ganz viel Power. Sie hat uns wirksame Tricks mit so simplen Waffen wie Hausschlüssel oder Tasche gezeigt. Jetzt übe ich manchmal alleine im Auto meinen Kampfschrei. Und wenn ich eine dunkle Straße entlang muß, gehe ich ganz forsch und denke die ganze Zeit: Wenn jetzt einer kommt, trete ich dem in die Eier. Wahrscheinlich gucke ich dann auch anders als ein armes kleines Opfer.«
(Regina, 23)

Es gibt unterschiedliche Selbstverteidigungsarten: Judo, Aikido, Tai Chi Chuan… Eine speziell für Frauen entwickelte und nur an Frauen weitergegebene Form ist Wen Do.

125

Mädchen und Frauen sollten ein Gespür für gefährliche Situationen entwickeln, das heißt mißtrauischer und wachsamer werden, denn Sicherheit fängt im Kopf an.

Was tun, wenn's passiert?

Bei einem Überfall – ob es zur Vergewaltigung gekommen ist oder nicht – muß sofort gehandelt werden, auch wenn das sehr schwerfällt. Die meisten Mädchen oder Frauen haben dann nur noch das Bedürfnis nach Hause zu gehen. Doch das kann die Suche nach dem Täter erschweren und wichtige Spuren verwischen.

1. Die Mutter oder andere Vertrauenspersonen informieren. In Städten gibt es einen »Notruf für vergewaltigte Frauen«, wo Beraterinnen weiterhelfen. Die Nummer steht im Telefonbuch.

2. Bei Verletzungen oder einer Vergewaltigung sofort zur Untersuchung ins Krankenhaus gehen. Dort – oder über »Pro Familia« – kann auch mit der »Pille danach« eine Schwangerschaft vermieden werden.

3. Verbrechen gehören angezeigt. Wer Anzeige erstatten will, sollte kurz nach dem Überfall zur Polizei gehen und nicht erst Wochen später.

Darüber reden hilft. Betroffene Mädchen sollten sich überlegen, ob sie eine Therapie machen wollen.

Keine peinliche Befragung mehr

Sicher ist die Situation noch nicht optimal. Doch auch bei der Polizei hat sich in den letzten Jahren einiges getan. Für Vergewaltigung oder sexuelle Belästigung gibt es psychologisch geschulte Polizeibeamtinnen – kein Mädchen und keine Frau muß mit einem männlichen Polizeibeamten darüber reden.

Hinter der Wohnungstür

Auch in der eigenen Familie kann es Nachstellungen, Drohungen, sexuellen Mißbrauch, Vergewaltigung und Mißhandlungen, zum Beispiel Schläge, geben. Erwachsene sind für ein fünfjähriges Mädchen noch riesengroß und mächtig, und das Mädchen glaubt den Drohungen: »Wenn Du unser Geheimnis verrätst, kommst Du in ein Heim. Keiner wird Dir glauben.« Die Mütter sollen auf diese Weise nichts erfahren. Manchmal wollen sie aber auch nicht wahrhaben, was passiert. Weil sie Angst vor einem Auseinanderbrechen der Familie haben, sich selbst hilflos fühlen. Ein mißbrauchtes Kind stürzt in große Verwirrung: Der Erwachsene tut ihm weh, verwöhnt es aber auch oder sagt, wie lieb er das Kind hat. Manchmal bewahren die Kinder das Geheimnis jahrelang, senden nur Notsignale aus, die leicht übersehen werden. Kinder fühlen sich schuldig, weil Erwachsene ihre Mißhandlungen als »Strafe« bezeichnen.

Betroffene Mädchen können sich an die Telefonberatungen wenden, aber auch an den Kinderschutzbund oder das Jugendamt. In manchen Städten gibt es eigene Mädchenberatungsstellen oder Mädchenhäuser (siehe Adressenverzeichnis im Anhang).

Dort können – wie in den Frauenhäusern – Mädchen auch wohnen, wenn es für sie zu Hause unerträglich geworden ist. Und dort läßt sich ohne Angst zusammen mit den Beraterinnen überlegen, wie es weitergeht.

FAMILIENTHEATER

»Solange Du Deine Füße unter meinen Tisch stellst, wird getan, was ich will.« Solche Sprüche rutschen dem einen oder anderen Vater ab und zu durchaus heraus. »Mädchen heiraten ja doch, wozu also die Schule« ist dagegen aus der Mode. Mal ehrlich: Wer hat sich noch nicht andere Eltern gewünscht oder darüber nachge-

laute Musik ärgern oder die ständig wollen, daß die Spülmaschine ausgeräumt, das Zimmer aufgeräumt, die Schränke eingeräumt werden. Doch solange es ab und zu gelingt, sich wie Politiker um den »runden Tisch« zu versammeln und mit Zimmerlautstärke zu diskutieren, gibt es noch Chancen. Wenn hart verhandelt – mit anderen Worten kräftig gestritten – wird, muß man

Manchmal möchte man nichts mehr wissen und nur noch davonlaufen. Der Umgang mit den Eltern gerät in eine Krise. Rechte und Pflichten müssen neu verhandelt werden.

dacht, wie es wäre, in einem Internat zu leben, wo es zugeht wie in »Hanni und Nanni«-Büchern. Mit Lehrern, die man veräppeln kann – anstelle von Eltern, die sich über

gute Argumente haben. Das ist überall so, wenn verschiedene Meinungen aufeinandertreffen. Nicht nur in der Familie, sondern auch in der Industrie und der Politik.

Es ist manchmal schwierig, den richtigen Ton zu treffen. Beide Seiten – Eltern und Kinder – können sich verletzt, verunsichert oder falsch verstanden fühlen.

Konflikt- und Kompromißfähigkeit

Bei Familienkrächen kann man ganz gut auf die Ratschläge von Unternehmensberatern zurückgreifen. Sie raten dazu, sich mal in Gedanken in die Lage des anderen hineinzuversetzen. Warum pocht er auf sein Recht? Was fürchtet er? Wie kann ich seine Befürchtungen entkräften? Bei welchen Wünschen fällt es mir nicht allzu schwer, ihm ein Stück entgegenzukommen?

Was bei einer fairen Auseinandersetzung herauskommt, ist nämlich kein K.o.-Sieg, sondern ein Kompromiß. Der kann zum Beispiel heißen: Bis elf Uhr auf die Fete, aber nur, wenn Eltern eine Art »Taxi« für die Heimfahrt organisieren. Mit dem Freund in Urlaub ja, aber nur zusammen mit einer Jugendgruppe. Ein Job nebenher nur für fünf Stunden – und nur, solange es keine »Fünf« bei den Klassenarbeiten gibt usw.

Lieber eine Höhle, warm, knallbunt und chaotisch? Oder existentialistisch cool, grungy? Vielleicht doch eher sanfte Naturfarben? Egal wie, ein Mädchen braucht ein Zimmer für sich allein.

Geld

Taschengeld steht zur freien Verfügung – ebenso Geldgeschenke. Wer aber ein Fahrrad oder einen CD-Player mit diesem Geld nur anzahlt, dem kann es passieren, daß die Eltern den Vertrag rückgängig machen. Auch beim Lohn dürfen Eltern mitentscheiden, etwa, ob ein Teil »abgeliefert« werden muß.

Übrigens: Eltern müssen die Intimsphäre ihrer Kinder wahren. Sie dürfen Briefe und Tagebücher nicht lesen – außer es besteht Verdacht auf kriminelle Handlungen.

Elterliche Sorge zum Wohle des Kindes

In einem der vielen Gesetze steht es wortwörtlich: »Die Eltern haben die elterliche Sorge ... zum Wohle des Kindes auszuüben.« Das klingt besser als der tägliche Kleinkrieg am Küchentisch, was ein Mädchen mit 11, 13, 15 oder 17 Jahren darf. Schließlich heißt es an anderer Stelle im Gesetzbuch: »Bei der Pflege und Erziehung berücksichtigen die Eltern die wachsende Fähigkeit und das wachsende Bedürfnis des Kindes zu selbständigem, verantwortungsbewußtem Handeln.« Für die nächsten Diskussionen kann ein Überblick über Rechte der unter 18jährigen nützlich sein:

Weggehen

Eltern können festlegen, wie lange Jugendliche abends unterwegs sein dürfen. Verbieten können sie auch bestimmte Orte – zum Beispiel ein Jugendzentrum, eine Kneipe oder eine Wohnung.

Ab 14 dürfen Jugendliche selbst entscheiden, welcher Religion sie angehören wollen.

129

Sex ist ab 16 erlaubt, eine Heirat allerdings erst ab 18 – außer in bestimmten Ausnahmefällen (und bei Einwilligung der Eltern und eines Vormundschaftsgerichts).

Freunde

Den »Umgang« (Juristensprache) mit bestimmten Freunden können die Eltern auch verbieten.

Sex

Ab 16 Jahren gibt es vom Gesetz her keine Einschränkungen für Sex zwischen Jugendlichen.

Hilfe von außen

Es gibt aber auch Familien, da ist die Sache total verfahren. Funkstille oder nur noch Gebrüll wie im Affenhaus. Da muß jemand von außen versuchen, das Knäuel von Ärger, Wut, Traurigkeit, Wünschen und Befürchtungen vorsichtig zu entwirren. Diese Aufgabe überneh-

Wenn sich die Eltern trennen, ist das meistens ein schwerer Schock. Am besten ist es, wenn man sich dann klarmachen kann, daß jeder sein eigenes Leben leben muß, seine eigenen Probleme lösen muß. Eltern sind weder Ungeheuer noch Supermenschen, und die Trennung war vor allem nicht Dein Fehler.

Scheidung

Wenn die Eltern auseinandergehen, können Jugendliche ab 14 Jahren mitbestimmen, wer das Sorgerecht für sie bekommen soll und wo sie wohnen wollen. Es kann auch keine und keiner ab 14 gezwungen werden, den woanders lebenden Vater oder die Mutter zu besuchen. Diese Entscheidung steht den Jugendlichen zu.

men Familienberatungsstellen. Sie laden dann die ganze Familie zu Gesprächen ein. Manchmal versuchen sie auch, durch das Nachspielen typischer Szenen neue Formen des Zusammenlebens zu testen. »Familientheater« also. Das funktioniert sogar, wenn einer absolut keine Lust hat, mitzumachen, und solche Psychosachen völlig bescheuert findet.

In der Raumfähre

Richtig schreien lässt sich lernen. Nicht gerade mit Publikum, und vielleicht auch nicht um Mitternacht in einer stillen Strasse. Gut geeignet ist ein Auto von Vater oder Mutter. Da ist es wie in einer Raumfähre. Sich dann vorzustellen, dass die Steuerung ausgefallen ist und eine Rückkehr zum Planeten nicht mehr möglich ist... Oder nur zu denken, dass dieser Idiot, der einen in den Wahnsinn treibt, auch mit im Auto sässe und nicht weg könnte. Da könnte man ihm mal alles an den Kopf werfen. Und schreien – bis die Fensterscheiben beschlagen sind.

11. Schöne Aussichten

WIE ES WEITERGEHT

Wer verliebt ist, schwebt auf Wolken, sieht alles rosarot und kann sich nur vorstellen, daß es immer so bleibt. Aber dann? Viele behaupten: Verliebtsein ist noch keine Liebe, sondern ein Ausprobieren, die erste »heiße« Phase. Lieben will gelernt sein. Erich Fromm, ein Psychoanalytiker, hat ein Buch über die »Kunst des Liebens« geschrieben. Das perfekte Gemälde einer Beziehung gibt es nicht. Eher ist Liebe wie die Kunst zweier Musikerinnen oder Musiker, die sich jeden Tag zusammensetzen und improvisieren. Mal gibt die eine die Melodie vor, mal der andere. Oder es gibt auch schrille Töne, die Instrumente stimmen nicht zusammen.

Nie wieder – bis zum nächstenmal

Jetzt, in der Phase des Erwachsenwerdens, gibt es Freundschaften, die dauern einen Monat oder auch drei oder fünf. Dann ist es wieder vorbei. Meistens jedenfalls. (Zwei, die sich seit der Zeit im Sandkasten kennen und Jahrzehnte später »goldene Hochzeit« feiern, verlieren sich zwischendurch auch aus den Augen.)

»Ich schätze, daß man später so was wie eine feste Beziehung eingeht. Dann ist es nicht mehr so einmalig, wenn man zusammen schläft. Später sagt eine Frau vielleicht: ›Ach nein, schon wieder ...‹ Im Alltag gibt es vielleicht öfter Streit und Eifersucht. Oder es wird sogar irgendwann langweilig.«
(Fee und Jana, 13)

Für Mädchen heißt es erst einmal, sich auf die Reise in die Zukunft vorzubereiten. Auch berühmte Dichterinnen benutzen das Bild von der »Lebensreise«. Mit immer neuen Zielen, Begegnungen, Abenteuern.

Abenteuer Leben

Fee und Jana haben große Pläne: glücklich werden, ein netter Mann, süße Kinder, ein schönes Haus mit Garten. Vorher aber, nach der Schule, wollen sie erst einmal mit einer dritten Freundin zusammenziehen:

»Verliebt, verloren, verbrannt,
gelacht, geweint und weggerannt.
Dann im Regen stehn,
das Herz in der Hand,
nie wieder, nie wieder,
nie wieder –
bis zum nächstenmal.«
(Liedtext von Ulla Meinecke)

»Töchter wurden damals in Japan großgezogen, damit sie auf ein Mädchenpensionat gingen und hoffentlich verheiratet waren, bevor die Leute anfingen, die Nase zu rümpfen... Ich rebellierte, gab meine Gesangsstunden auf und studierte Philosophie an einer japanischen Universität, während ich in aller Heimlichkeit an Songs schrieb.« (Yoko Ono, Komponistin und Musikerin)

»Wir haben uns schon eine Wohnung aufgezeichnet, mit Whirlpool und so. Wir haben auch die Miete ausgerechnet: 3000 DM.« (Fee und Jana, 13)

Ob es dann wirklich für den Whirlpool langt oder nur für das Schwimmbad um die Ecke – das werden die drei sehen, wenn sie auf dem Weg sind. Nach der Schule muß erst einmal die Richtung festgelegt werden: welche Ausbildung, welches Studium, welcher Beruf? Solche Kenntnisse und Fähigkeiten gehören mit ins Gepäck für das »Abenteuer Leben«. Zum Glück gibt es viele Leute, die gerne von ihren Interessen und Tätigkeiten erzählen – und es gibt auch die Berufsberatung der Arbeitsämter.

»Ich freu' mich nicht auf die Zeit nach der Schule, weil ich mich entscheiden muß. Ich habe Angst, mich für das ganze Leben festzulegen.« (Eva, 19)

Es gibt immer mehr Frauen, die sich nicht aufhalten lassen, wenn andere sie erst mal für größenwahnsinnig halten. Weil sie Chemie studieren und den Nobelpreis anpeilen. Weil sie bei »Jugend forscht« ihre Experimente vorstellen oder mit 14 schon wissen, daß sie einmal als Fotografin in Alaska arbeiten werden. Aber auch die Sparkassen-Angestellte kann sich nach Jahren vielleicht noch darüber freuen, welche schrägen Vögel und welche netten Typen heute zu ihr an den Schreibtisch kommen. Und die Köchin im Hotel tüftelt gerade an einer neuen Kreation. Es ist wie beim Bergsteigen: Sich auf das Ziel freuen und gleichzeitig den nächsten kleinen Schritt Richtung Gipfel machen. Stolpern gehört dazu und manchmal auch ein Umweg.

Pausen und Aufbruch

Lernen und neue Erfahrungen sammeln kann auch anstrengend sein. Deshalb wird es auf der Lebensreise auch immer Pausen geben – kürzere oder längere. Dann scheint die Zeit stillzustehen, alles geht seinen gewohnten Gang: gemütliche Treffen mit den Freunden und Freundinnen, eine Partnerschaft, in der es nicht jeden Tag um »alles oder nichts« geht, gewohnte Arbeit. Neue Träume können wachsen, alte Schrammen und Narben langsam verheilen. Der nächste Aufbruch kommt bestimmt!

Gerade Frauen, sagen Wissenschaftlerinnen, ändern immer wieder ihr Leben – freiwillig oder gezwungen. Zum Beispiel, wenn sie Mutter werden und versuchen, Familie und Beruf unter einen Hut zu kriegen. Oder sie wechseln den Beruf, den Wohnort. Solche Wechsel über die Bühne zu kriegen und »etwas daraus zu machen«, ist auch eine Leistung, die gelernt werden kann. Ohne daß eine Frau sich »anpassen« muß an Verhältnisse, die sie ärgern, krank oder traurig machen. Auch Beziehungen können liebevoller werden oder in eine Sackgasse geraten. Die einen schaffen es, mit dem »Mann fürs Leben«

oder auch der »Frau fürs Leben« glücklich zu werden – in einer Ehe oder auch ohne Trauschein. Andere erleben, wie die Liebe weniger wird und am Ende eine Trennung steht.

LOLA LUNA: Bei einigen Völkern dürfen Männer mehrere Frauen haben. Das nennt sich Polygynie (Vielweiberei). Mancher Mann heiratet in jungen Jahren eine ältere Frau, in mittleren eine gleichaltrige und im Alter eine jüngere. Es gibt auch das umgekehrte, daß eine Frau mehrere Männer heiratet, also die Vielmännerei oder Polyandrie.

»Es ist nicht gut, daß der Mensch allein ist«

So heißt es schon in der Bibel. Aber nicht gut ist es auch, alle Wünsche, Erwartungen, Sehnsüchte und Träume an einem einzigen Menschen festzumachen. Das hält niemand aus. Zur »Kunst der Liebe« gehört es auch, sich nicht vom anderen »auffressen« zu lassen, sondern ein Gegenüber zu bleiben: mit eigenem Dickkopf und mit dem Willen, die Unterschiede genauso zu schätzen wie die Gemeinsamkeiten. Denn: Wäre es nicht schrecklich, mit einer Kopie von sich selbst auskommen zu müssen wie in einer Science-fiction-Szene? Mit jemandem, der exakt dieselben Macken, Schwächen und Stärken hat? Doch zum Glück gibt es ja

Man muß nicht ständig mit dem Traummann zusammen sein. Gute Freundinnen und Freunde sind ein ganzes Leben lang wichtig.

Viele Jugendliche haben beim Gedanken an ihre Zukunft extreme Gefühlsschwankungen – von toll bis beängstigend. Das ist o.k. Niemand kann mit 15 wissen, was sie oder er wirklich machen wird. Vieles deutet allerdings darauf hin, daß die Menschen künftig viel flexibler sein müssen und ihren Beruf, ihre Umgebung und ihre Gewohnheiten öfter ändern werden.

Manche Frauen erreichen ihre sexuelle Entfaltung erst, wenn Sie älter sind. Und manche Frauen haben überhaupt erst im Alter den besten Sex.

außer dem »Einen« (oder der »Einen«) noch andere Menschen, mit denen sich manches besser besprechen oder unternehmen läßt.

Nicht alles mit dem Einen

Nicht nur Mädchen haben Busenfreundinnen, auch viele Frauen haben beste Freundinnen - Freundinnen für die Seele. Bei ihnen sprechen sie sich aus, mit ihnen unternehmen sie etwas. Man muß nicht immer alles mit dem Herzallerliebsten zusammen machen. Nur ein banales Beispiel: Mit einem Jungen oder Mann Klamotten kaufen zu gehen - das kann ein Horrortrip sein.

Wann ist Schluß mit dem Sex?

»Ich kann mir schlecht vorstellen, daß meine Oma was mit Sex zu tun hat.«
(Jana, 13)

Offenbar liegt es völlig außerhalb unseres Vorstellungsvermögens, daß alte Menschen mit Falten auch noch Spaß im Bett haben und das tun, was sonst eigentlich jüngere Leute treiben.

»Die können nicht mehr so gut laufen. Dann kriegen die hinterher noch einen Herzinfarkt ...«
(Fee und Jana, 13)

30- oder 40jährige haben vielleicht noch Sex, aber 60jährige? Und in der Werbung, in Filmen und Illustrierten sind auch nur junge Menschen beim Sex zu sehen. Gut, alte

Leute heiraten vielleicht noch – aber doch wohl, weil sie nicht alleine leben wollen und einen anderen Menschen zur Unterhaltung suchen und um mit ihm Spaziergänge zu machen. Alles falsch! Sexualität ist eine Form der Verständigung zwischen Menschen, eine Körpersprache eben, meint die Autorin Hanne-Lore von Canitz: »Warum sollen ältere oder alte Menschen, ältere Frauen mit jüngeren Männern nicht miteinander auf diese Art sprechen dürfen? Sollen sie verstummen und stumm bleiben, bis sie endgültig verstummt sind? Das kann es doch wohl nicht sein.«

Und in Renate Daimlers Buch »Verschwiegene Lust« erzählt eine 80 Jahre alte Frau: »Von allen Männern, die ich gekannt habe, ist er der einzige, bei dem ich völlig hemmungslos sein kann. Eigentlich sollte ich aus diesem Alter heraus sein. Aber ich bin es nicht. Ich habe unglaublichen Spaß dran. Seine Art, Liebe zu machen, ist wunderbar. Ich bin Wachs in seinen Händen, wenn wir zusammen im Bett sind. Es ist eine späte Erotik, die da plötzlich zum Durchbruch kommt, und ich empfinde jetzt viel tiefer und intensiver als in jungen Jahren. Ich liebe ihn!«

Noch Fragen?

Ein erfahrener Psychotherapeut wurde einmal gefragt: »Wann hört Sexualität auf?« Seine Antwort dazu lautete: »Eine Stunde nach dem Tod.«

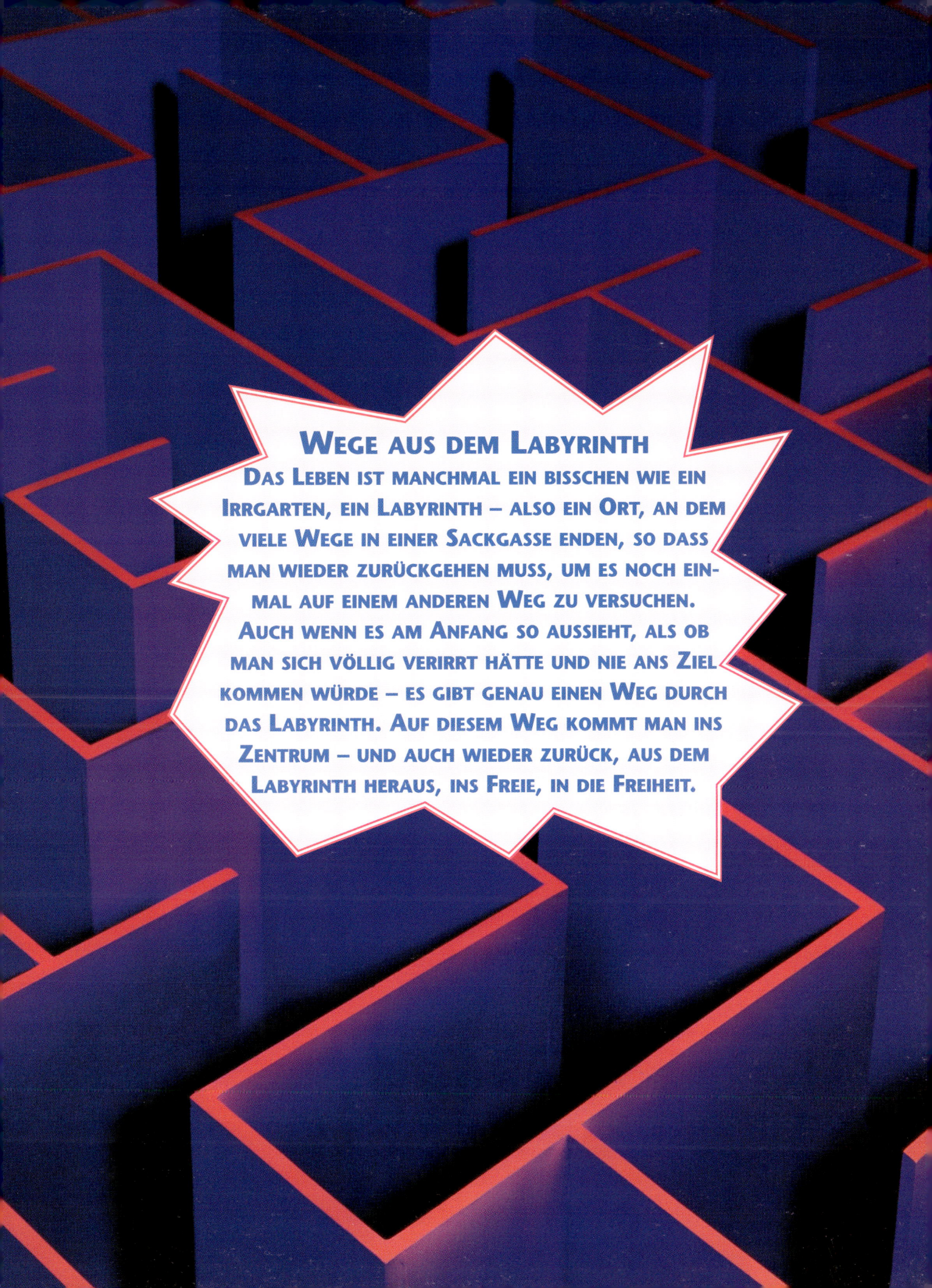

WEGE AUS DEM LABYRINTH

Das Leben ist manchmal ein bisschen wie ein Irrgarten, ein Labyrinth – also ein Ort, an dem viele Wege in einer Sackgasse enden, so dass man wieder zurückgehen muss, um es noch einmal auf einem anderen Weg zu versuchen. Auch wenn es am Anfang so aussieht, als ob man sich völlig verirrt hätte und nie ans Ziel kommen würde – es gibt genau einen Weg durch das Labyrinth. Auf diesem Weg kommt man ins Zentrum – und auch wieder zurück, aus dem Labyrinth heraus, ins Freie, in die Freiheit.

Astrid Lindgren

Pippi
Langstrumpf

Die neuesten Abenteuer von
Pippi Langstrumpf

Pippi
geht von Bord

Ein Brief an eine alte Freundin

Liebe Pippi Langstrumpf,

wie habe ich Dich um Dein wildes Leben in und um die »Villa Kunterbunt« beneidet. Manchmal habe ich es geschafft, auch ohne Pferd und Supermuskeln so stark wie Du zu sein, mir nichts gefallen zu lassen...

Jetzt bin ich 14 und habe lange nicht mehr in den Büchern über Dich gelesen. So viel ist passiert in den letzten Jahren. Ich bin jetzt in der Pubertät, habe meine Tage gekriegt, und seit zwei Monaten habe ich einen richtigen Freund. Michael heißt er, ist zwei Klassen über mir - na ja, Schule interessiert Dich ja nicht - und einfach süß. Mit braunen Locken und Sommersprossen.

Meine Freundin und ich haben neulich noch mal über Dich gesprochen. Ich hätte gerne gewußt, ob Du inzwischen auch in der Pubertät bist. Ob Du stundenlang auf einem Baum hockst und auf Deinen Traummann wartest. Oder ob Du ihn einfach auf Dein Pferd packst und ihn entführst. Ob Du auch manchmal Pläne machst, wie das wird mit dem Erwachsensein. Und ob Du vorm Spiegel stehst und Dich über einen Pickel schwarzärgerst, weil Du zu einer Fete willst.

Lisa hat nur gelacht: »Pippi hat doch Krummeluspillen genommen, damit sie nie groß wird.« Dann haben wir überlegt, ob wir die auch gerne nehmen würden. Ob wir immer Kinder bleiben wollen mit Teddybär, Lust auf Eis und Toben durch Pfützen. Eher nein, auch wenn dieses Erwachsenwerden ganz schön anstrengend sein kann.

Liebe Pippi, willst Du es Dir nicht doch noch mal überlegen und auch erwachsen werden? So eine Freundin wie Dich könnten wir immer brauchen.

ADRESSENVERZEICHNIS

FÜR ALLE FÄLLE:
Polizei / Notruf
Tel. 110
Feuerwehr/Rettungs-
leitstelle
Tel. 112
Telefonseelsorge
(evangelisch)
Tel. 11101
Telefonseelsorge
(katholisch)
Tel. 11102

Bei der Telefonseelsorge muß eventuell zusätzlich die Vorwahl der nächsten größeren Stadt gewählt werden. Die Nummern für den Frauennotruf sind unterschiedlich; sie stehen jeweils im örtlichen Telefonbuch.

DEUTSCHLAND

Pro Familia, Deutsche Gesellschaft für Familienplanung, Sexualpädagogik und Sexualberatung e.V., Bundesverband
Stresemannallee 3
60596 Frankfurt a. M.
Tel. 0 69 / 63 90 02

Wildwasser
Beratung und Selbsthilfe bei sexuellem Mißbrauch
Walluferstraße 1
65197 Wiesbaden
Tel. 06 11 / 80 86 19

OA – Overeaters Anonymous
Tel. 04 21 / 32 72 22 4
(Beratung und Vermittlung von örtlichen Anlaufstellen bei Eßstörungen)

Aktionskreis Eß- und Magersucht, Cinderella e.V.
Westendstraße 35
80339 München
Tel. 0 89 / 50 21 21 1

Arbeitskreis
Teenagersprechstunde
Mühlenstraße 1a
40885 Ratingen
Tel. 0 21 02 / 92 66 0

Durchblick
Informationsdienst für Jugendliche zu Fragen der Sexualität
Tel. 01 30 / 34 31 (Montag bis Freitag zwischen 15.00 und 17.00 Uhr

gibt es Informationen und Tips zum Nulltarif.)

Frauen und Aids
Beratungsstelle des Frauentherapiezentrums
Güllstraße 3
80336 München
Tel. 0 89 / 72 58 82 9

Lesbisch – Wenn Frauen
Frauen lieben.
Diese Broschüre für alle, die mehr über Lesben wissen wollen, gibt es gegen eine Gebühr von 7,60 DM bei:
Lesbenberatung Berlin
Kulmer Straße 20 a
10783 Berlin
Tel. 0 30 / 21 52 00 0

Kostenlose Broschüren zu den Themen Aufklärung, Frauen, Eltern gibt es bei:
Bundeszentrale für gesundheitliche Aufklärung (BZgA)
Postfach 910152
51101 Köln

Weitere Anlaufstellen – **Telefonseelsorge, Notruf, Frauennotruf, Kinderschutzbund, Jugendamt, Caritas, Diakonisches Werk, Krankenkassen** – finden sich im örtlichen Telefonbuch. Die Adressen von **Frauen- und Mädchenhäusern** stehen aus Sicherheitsgründen nicht im Telefonbuch, doch Taxifahrer, Krankenhauspersonal und Polizei kennen sie.

ÖSTERREICH

Österreichische Gesellschaft für Familienplanung (ÖGF)
Universitätsklinik
Spitalgasse 23
A-1090 Wien
Tel. 4 31 / 40 40 02 92 4

Verein Frauen beraten Frauen
Lehargasse 9/2/2/17
A-1060 Wien
Tel. 02 22 / 58 76 75 0
(psychosoziale Beratung, Langzeit-
betreuung, ärztliche und rechtliche
Beratung, Selbsthilfegruppen)

F.E.M. Gesundheitszentrum für Frauen
Bastiengasse 36-38
A-1180 Wien
Tel. 02 22 / 47 61 5-373

Aktionsgemeinschaft der autonomen österreichischen Frauenhäuser (AÖF)
Hofgasse 9/1/4
A-1050 Wien
Tel. 02 22 / 54 40 82 0

Verein Sprungbrett Arbeitsmarktpolitische Beratungsstelle für Mädchen vor der Berufsentscheidung
Stumpergasse 41–43, Stiege 2
A-1060 Wien
Tel. 02 22 / 59 72 03 1

Beratungsstelle für sexuell mißbrauchte Mädchen und junge Frauen
Postfach 531
A-1040 Wien
Tel. 02 22 / 52 64 99 4

Trotula
Feministisches
Frauengesundheitszentrum
Schwarzspanierstraße 20/10
A-1090 Wien
Tel. 02 22 / 40 69 39 7

AIDS-Informationsstelle Austria. Die Informationsstelle der AIDS-Hilfen Österreichs
Lenaugasse 17/2/27
A-1080 Wien
Tel. 02 22 / 40 32 35 3

SCHWEIZ

Pro Familia Schweiz
Laupenstraße 45
CH-3001 Bern
Tel. 0 31 / 25 90 30

Association Suisse de planning familial et d'éducation sexuelle
Avenue des Belles-Roches 3,
CH-1004 Lausanne
Tel. 41 21 / 38 47 35

Frauenberatungsstelle
Spitalstraße 40
CH-4004 Basel
Tel. 0 61 / 32 28 02 3

Frauenhausberatungsstelle bei Gewalt und sexuellem Mißbrauch
Grenzacherstraße 34
CH-4058 Basel
Tel. 0 61 / 69 30 55 5

Aids-Hilfe Schweiz
Zurlindenstraße 134
CH-8036 Zürich
Tel. 01 / 46 23 07 7

Nationale Kontakt- und Informationsstelle zur Anregung und Unterstützung von Selbsthilfegruppen (NAKOS)
Albrecht-Achilles-Straße 65
10709 Berlin
Tel. 0 30 / 89 10 01 9

Kontakt- und Informationsstellen für Selbsthilfegruppen:
Berlin
Tel. 0 30 / 89 26 60 2
München
Tel. 0 89 / 53 29 56 11
Düsseldorf
Tel. 02 11 / 48 23 62
Hamburg
Tel. 0 40 / 63 11 11 0

Bildnachweis

Gabriella Meros, München: 3, 4, 5, 6, 8, 9, 10, 12, 15, 17, 19, 24, 28, 34, 37, 40, 43, 48, 53, 58, 60, 61, 62, 63, 64, 65, 72, 74, 75, 76, 80, 82, 94, 103, 108, 120, 125, 127, 131, 132, U4

AKG, Berlin: 38 li., 54, 83; Bilderberg, Hamburg: 95 (Holger Scheibe), 112 (Dorothea Schmid); BZgA, Köln: 105; Das Fotoarchiv, Essen: 96 (Jochen Tack), 113 (Martin Sasse), 115 Hintergrund (Rupert Oberhäuser); Archiv Gerstenberg: 59; IFA München: 13 (Breit), 16 o. (Renz), 29 li. o. (Diaf), re. Mi. o. (IPP), re. Mi. u. (Schmitz), 35 o. (R. Maier), 42 li. (Förster), 45 (Haig), 135 (P. Sinclair); Image Bank, München: 23 (Cesar Lucas), 26 (Paolo Curto), 27 u. (H. Sund), 33 (n.n.), 35 u., 46, 90 li. (G. & M. David de Lossy), 41 li. o. (Brigitte Lambert), 91 (Michael Fiala), 137 (Michel Teherevkoff); Gunther Intelmann, München: 41 re. o., 87, 115 o.; Interfoto, München: 47 o., 47 u., 55, 56 li., 88 (n.n.), 56 re. (Kerstin), 85, 138/139 (TG); Angelika Jakob, München: 66; Helga Lade, Frankfurt: 22 (Krinke); o.b.-Beratung, Kaiserwerther Str. 270, 40474 Düsseldorf: 27 o.; Organon GmbH, Oberschleißheim: 97, 99; Alfred Pasieka, München: 68, 69; Hans Seidenabel, München: 11, 38 re., 39 li. o., 41 li. u., 104; Tony Stone, München: 16 (Herb Allgaier), 18 (Howard Grey), 21 (Dale Durfee), 23 (Frank Herholdt), 29 li. u. (Trevor Mein), 31 (Philip Matson), 42 re. (Stuart McClymont), 57 (David Olsen), 71 (Warren Bolster), 78 (John Running), 79 (Douglas Struthen), 86 (Andrea Bocher), 90 re. (Tim Thompson), 93 (Glen Allison), 98 (Andrew Brookes), 101, 106, 107 (Charles Thatcher), 111 (Tom Main), 114, 129 re. o. (Nick Dolding), 118 (Emmanuelle Dal Secco), 128 (Andy Sacks), re. u. (Paul Dance); Transglobe, Hamburg: 102 (Didier Ermakoff); U4: ZEFA, Frankfurt, 29 li. Mi. (Wurm), re. o. (n.n.), re. u. (R. Kaufmann), 32 (Zisch), 39 u. (Rayermann), 41 re. Mi. (Frank Martin), 81 (APL), 89 (n.n.), 119 (Photri), 129 li. o. (Mueller), 130 (R. Morsch)

Hinweis

Das vorliegende Buch ist sorgfältig erarbeitet worden. Dennoch erfolgen alle Angaben ohne Gewähr. Weder Autorinnen noch Verlag können für eventuelle Nachteile oder Schäden, die aus den im Buch gemachten praktischen Hinweisen resultieren, eine Haftung übernehmen.

Vielen Dank

Wir danken allen, die uns unterstützt haben, mit ihren Ideen, ihren Geschichten, mit Literaturhinweisen und Informationen und mit ihrem Ansporn.
Besonders: Jana, Fee, Charlie, Eva, Doro Scholemann, Susanne Janssen, Stefanie Kühnel, Brigitte Steinfort-Görner, Jürgen Dahlmann, Ina, Joachim, Heiner und Jana.

Christel Boßbach und Elisabeth Raffauf

Der Verlag dankt Hennes & Mauritz, München, für die Überlassung des Hauptteils der Kleidung für die Fotoproduktion.

Impressum

© 1996 Südwest Verlag GmbH & Co. KG, München
2. verbesserte Auflage 1996
Alle Rechte vorbehalten

Redaktion: Dr. Elfriede Ledig
Redaktionsleitung: Josef K. Pöllath
Bildredaktion: Bettina Huber
Produktion: Manfred Metzger
Fotoproduktion:
Gabriella Meros, München
Layout und Satz/DTP:
Elisabeth Petersen, München
Umschlaggestaltung:
Elisabeth Petersen, unter Verwendung eines Fotos von Tony Stone, München (Peter Correz)
Druck und Bindung:
G. Canale & C. S.p.A., Turin

Printed in Italy

Gedruckt auf chlor- und säurearmem Papier

ISBN 3-517-01493-1

STICHWORTVERZEICHNIS